Kunsthaus Zürich

Marcel Broodthaers

Museum

Die Grafikeditionen im Kontext seines *Musée d'Art Moderne*

Scheidegger & Spiess

VORWORT

Zickzack. Patchwork. Harald Szeemann, der legendäre Kurator, der dem Kunsthaus lange als freischaffender Mitarbeiter verbunden war, sah viele Parallelen zwischen dem merkwürdigen Belgien und der ebenso visionären Schweiz: Mehrsprachige Länder, die ein bunter Quilt sind, kulturell, kulinarisch und literarisch, in denen bürgerlicher Anstand einhergeht mit einem Sinn für absurde Exzesse und bürgerliche Extravaganz.

Wir wissen nicht, ob der ebenso legendäre Marcel Broodthaers, mit dem Szeemann im Rahmen der *documenta 5* zusammenarbeitete, diese Meinung teilte. Sicher ist, dass Broodthaers in mehrerlei Hinsicht eine Verbindung zu «la Suisse» hatte. Er mochte die *Voyages en zigzag* des Genfer Künstlers Rodolphe Toepffer und hatte – so erzählte uns seine Witwe Maria Gillissen Broodthaers – einmal die Idee, mit einer Schifffahrt auf dem Vierwaldstättersee den Beginn einer neuen Ausstellung einzuläuten. Das Projekt wurde jedoch nie realisiert. Die Verbindung zum Kunsthaus Zürich ist noch direkter, nicht nur durch die Figur Szeemanns und die Verankerung von Broodthaers in der Sammlung, sondern auch durch seine Bewunderung von Arnold Böcklins *Die Freiheit (Helvetia),* die im Kunsthaus ausgestellt ist. Das Gemälde – eine fast nackte und triumphierende Personifikation der Schweizer Nation, die einen Adler hält und auf einer Wolke schwebt – nahm 1972 einen prominenten Platz in seiner berühmten Ausstellung *Der Adler vom Oligozän bis heute* in der Kunsthalle Düsseldorf ein.

Broodthaers' Werk ist in (fiktive) Anekdoten und urbane Legenden verpackt. Seine «Museumsfiktionen» fesseln uns noch immer. Wenn man den Einfluss eines Künstlers an seinem ‹Nachleben› misst, an den Nachwirkungen, die ihr oder sein Werk auf jüngere Künstler:innen hat, dann ist Marcel Broodthaers der ‹Adler› der belgischen Kunst. Der GOAT, wie es heute im Tiktok-Jargon heisst – der Grösste aller Zeiten.

Sein Einfluss auf Generationen von Künstler:innen ist immens, von Tacita Dean und Henrik Olesen bis zu Stephen Prina, Rirkrit Tiravanija, Joëlle Tuerlinckx und Cerith Wyn Evans und vielen ihrer jüngeren Seelenverwandten. Sie sehen in seinem intelligenten und doch leichtfüssig-ironischen Ansatz einen Vorgänger, bei dem die Dekonstruktion institutioneller Mechanismen auch eine Liebeserklärung an und ein Plädoyer für die Notwendigkeit von Museen ist. Wie es in der Ankündigung der Ausstellung über Broodthaers' Wirkung und Nachleben in der Kunsthalle Düsseldorf und des Kunstvereins für die Rheinlande und Westfalen 2010 hiess: «Die ungebrochene Aktualität seines Werkes macht dieses zur Referenz zahlreicher zeitgenössischer Arbeiten, die sich mit seiner Bildtheorie und den Themen seines

Œuvres auseinandersetzen: der Hinterfragung der Institution Museum, der Beschäftigung mit Imagination und Schein als Demontage des Kinobildes, dem Verhältnis von Sprache, Schrift und Bild. Auch Überlegungen, die viel später unter dem Thema der Institutionskritik verhandelt wurden, finden sich in Broodthaers' Werk, dessen radikale wie wegweisende Qualität ungebrochen ist.» Seine Arbeiten lassen sich dauerhaft als Bilderrätsel lesen, die nicht nach einer Lösung fragen. Denksportaufgaben, die uns immer wieder ein Lächeln ins Gesicht zaubern.

Wir sind seiner Witwe Maria Gilissen Broodthaers und seiner Tochter Marie-Puck Broodthaers mehr als dankbar für ihre äusserst aktive, enthusiastische, wissens- und erfahrungsbasierte Unterstützung dieser Präsentation, wie auch Simone Gehr, der Kuratorin der Ausstellung, dass sie diesen wertvollen Kernbestand der Sammlung wieder in das Bewusstsein der Öffentlichkeit rückt.

Denn Broodthaers' Schaffen, insbesondere seine zwischen 1968 und 1972 unter dem Titel *Musée d'Art Moderne, Departement des Aigles* realisierte Werkserie, ist höchst aktuell in unserer Zeit, in der museale Strukturen erneut auf ihre Gültigkeit befragt werden. Sind Museen Dinosaurier? Passen sie noch in die heutige Zeit? Sollten wir sie (wie einen Pumpwagen mit Stossstangen und knalligen Felgen) zu interaktiven Zentren der Öffentlichkeitsbeteiligung aufrüsten, um den aktuellen Entwicklungen gerecht zu werden, oder bringen sie uns als anachronistische Betrachtungsmaschine aus dem 19. Jahrhundert in Momenten, in denen die Welt in Flammen steht und sich ständig verändert, Ruhe, Kontemplation und Gewissheit? Die Zeit wird es zeigen, aber dass diese Fragen gestellt werden, ist dringender denn je.

Ich persönlich denke oft an die *Section Documentaire,* die 1969 an einem Sommertag in Le Coq sur Mer (De Haan aan Zee), einem belgischen Küstendorf, entstand. Dort aufgewachsen, bin ich unzählige Male an ebenjenem Strand spazieren gegangen, habe im Sand gegraben und das Treibgut geplündert, ohne mir des legendären (kunst-)historischen Ereignisses bewusst gewesen zu sein, das sich dort abgespielt hatte. Zusammen mit dem Sammler und Freund Herman Daled hatte Broodthaers bei Ebbe den Grundriss eines nicht existierenden Museums in den feuchten Sand gegraben. Entlang seiner Grenzen stellte er Schilder auf, um das Verhalten potenzieller Besucher:innen zu reglementieren, etwa mit der Forderung «Défense absolue de toucher aux objets» («Das Berühren der Objekte ist streng verboten»). Nach Abschluss des Projekts fotografierte Broodthaers' Frau Maria Gilissen die Szene, bevor die Flut zurückkehrte.

Während das Museum, das nur ein Umriss im Sand war, keine Kunstwerke enthielt und buchstäblich weggeschwemmt wurde, hat es als Konzept, als Erinnerung und als fotografischer Bericht überlebt. Durch diesen performativen Akt beschwörte Broodthaers, wie Carolina Marchado sagte, «gleichzeitig die scheinbare Autorität und die extreme Zerbrechlichkeit der institutionellen Struktur». Das temporäre Museum in de Haan wurde vom Meer weggespült, hat sich aber in unserem Gedächtnis eingebrannt. Broodthaers schuf einen Denkraum, der uns nicht über die Kunst selbst nachdenken lässt, aber über die Bedingungen, unter denen sie ausgestellt wird – das Konstrukt Museum.

Broodthaers erinnert uns immer wieder an eine wichtige museologische Lektion: Museen sind für die Ewigkeit, können aber trotzdem mutieren. Das Museum kann ein Gestaltenwandler sein. Museen sind immer in Bewegung. Vielen Dank, MB!

Ann Demeester, Direktorin

MARCEL BROODTHAERS UND DAS MUSEUM – EIN INTERVIEW MIT MARIA GILISSEN BROODTHAERS

Simone Gehr

Marcel Broodthaers beschäftigte sich mehrere Jahre mit dem Thema Museum. Wie genau äusserte sich sein Interesse?

Maria Gilissen Broodthaers

Broodthaers hat sich schon immer für Museen interessiert. Im Jahr 1968 gründete er ein Museum, das er vier Jahre lang leitete, und schrieb dazu: «Ich bin 1924 geboren. Ich werde 1964 Künstler. Ich gründe 1968 ein Museum. Ich begrabe das Museum 1972. Ich werde im selben Jahr wieder Künstler.»

Er liebte die Museen sehr und besuchte sie immer gerne. 1966 wurden wir von einem Freund zur *Biennale* in Venedig eingeladen und Broodthaers freute sich darauf, die *Accademia dell'Arte* zu besuchen, aber man liess uns ohne Eintrittskarte nicht hinein. Er sagte, er sei Dichter und könne nicht bezahlen, aber sie liessen uns nicht hinein. Wir gingen ein zweites Mal hin und MB bat darum, mit einem Verantwortlichen zu sprechen, und sie liessen uns wieder nicht hinein.

War Broodthaers selbst ein häufiger Museumsgänger?

Ja, Broodthaers war ein Museumsgänger. In den 1960er- und 1970er-Jahren gingen kaum Menschen ins Museum und auch nicht in die Kirchen, vor denen die Leute heute Schlange stehen. Die Museen waren leer. Wir haben Rubens' *Kreuzabnahme* in der Onze-Lieve-Vrouwekathedraal Antwerpen gesehen und später das Musée des Beaux-Arts in Antwerpen und das Pergamonmuseum in Berlin. Dort war damals kein Mensch, heute ist das anders.

Warum besuchte Broodthaers Museen? Was erhoffte er sich davon?

→

Broodthaers sah sich gerne Bilder an, wahrscheinlich, um zu sehen, ob das Thema und die Malweise übereinstimmten (siehe zum Beispiel Ingres und Courbet). Das hat ihn immer sehr interessiert und das zieht sich durch sein Schaffen wie ein roter Faden. Er war auch ein grosser Bewunderer von Arnold Böcklin.

Die Proteste im Brüsseler Palais des Beaux-Arts 1968 werden häufig als Schlüsselerlebnis für Broodthaers' Auseinandersetzung mit Museen gesehen. Neben ihm waren damals belgische Kunstschaffende vor allem einer jüngeren Generation beteiligt. Wollte Broodthaers damals aus Eigeninitiative teilnehmen oder wurde er angefragt, ob er mitmachen möchte?

→

Die Künstler, rund achtzig, baten Broodthaers telefonisch, sich zu beteiligen, woraufhin er antwortete: «Gebt mir zehn Minuten Zeit und ruft mich zurück.» MB war seit mehreren Jahren Künstler und wollte seine Kollegen nicht verleugnen. Er hat sich zu Beginn, nach einigen Zweifeln, beteiligt. Er musste sich zwischen den Direktoren des Palais des Beaux-Arts, die ihn immer seine Projekte durchführen liessen, und seinen Künstlerkollegen entscheiden. Zu diesem Zeitpunkt hatte er bereits zwei wichtige Ausstellungen im Palais des Beaux-Arts gemacht. Nachdem er mit der Direktion verhandelt hatte, um zu verhindern, dass die Künstler von der Polizei vertrieben wurden, setzte er sich dafür ein, dass nur der Marmorsaal besetzt wurde und dass dieser Saal den Künstlern «gehörte». Das war kein Ausstellungsraum. Broodthaers hat es auf freundliche Art erfolgreich durchgesetzt, dass die Künstler nur diesen Raum einnahmen. Er hat also die sogenannte Besetzung des Palais des Beaux-Arts, das man als Mammut bezeichnete, im Jahr 1968 abgeleitet.

Nach dem Abbruch seiner Beteiligung beschäftigte sich Broodthaers intensiv mit dem Thema Museum. Diese Beschäftigung mündete in verschiedenen Inszenierungen unterschiedlichster Ausprägung – in Museen, aber auch am Meer, um nur zwei Beispiele zu nennen. Jede dieser insgesamt zwölf Sektionen – wie er sie bezeichnete – hatte einen thematischen Schwerpunkt. So gab es zum Beispiel die *Section Documentaire,* die *Section Financière,* die *Section des Figures* oder die *Section Littéraire.* Wie genau entwickelten sich die einzelnen thematischen Schwerpunkte der Sektionen?

↘

Das ist eine gute Frage. Das kann ich nicht sagen. Die *Section XIX*[e] *Siècle* entstand zum Beispiel in der Zeit, als Konzeptkunst aktuell war. Und danach kommt er mit der Malerei des 17. Jahrhunderts an. Ich weiss nicht, ob Sie sich das vorstellen können. Und dann hat er auch noch gesagt: «Ich bin der Direktor.»

Gab es von Beginn an eine umfassende Überlegung, eine Art übergreifendes Konzept, welche Themen Broodthaers mit seinen Sektionen ansprechen wollte, oder entwickelte sich dies mit der Zeit?

↘

Beides: Es gab natürlich eine übergreifende Idee, aber sie entwickelte sich auch mit den Gegebenheiten der Zeit und den Möglichkeiten weiter.

Recherchierte Broodthaers zum Thema Museum? Ging er beispielsweise in Bibliotheken?

→

Nein, er recherchierte nicht. Nur einmal waren wir in der Bibliothek in Brüssel, als wir 1963 für die Diaprojektion *Grandville & M. B.* die Bilder fotografierten. Das war die erste Dia-Serie. Aber er ist Buchhändler gewesen. Er hat sehr viel gelesen und dabei übrigens auch das Werk des Schweizer Künstlers Rodolphe Toepffer kennengelernt. Das hat ihn interessiert, der Text und die Zeichnungen. Und die Reise. Reise, Schrift, Zeichnung.

Wie geplant waren die einzelnen Sektionen? Ich denke da zum Beispiel an die *Section Documentaire,* die am Strand von Le Coq stattfand: Gab es davor eine genaue Planung, oder traf man sich einfach mit einer groben Idee?

↘

Es war spontan, wir waren eingeladen bei Freunden für ein Wochenende am Meer. Broodthaers arbeitete immer, Tag und Nacht, nicht physisch, aber er war immer beschäftigt. Dann ging er nicht einfach

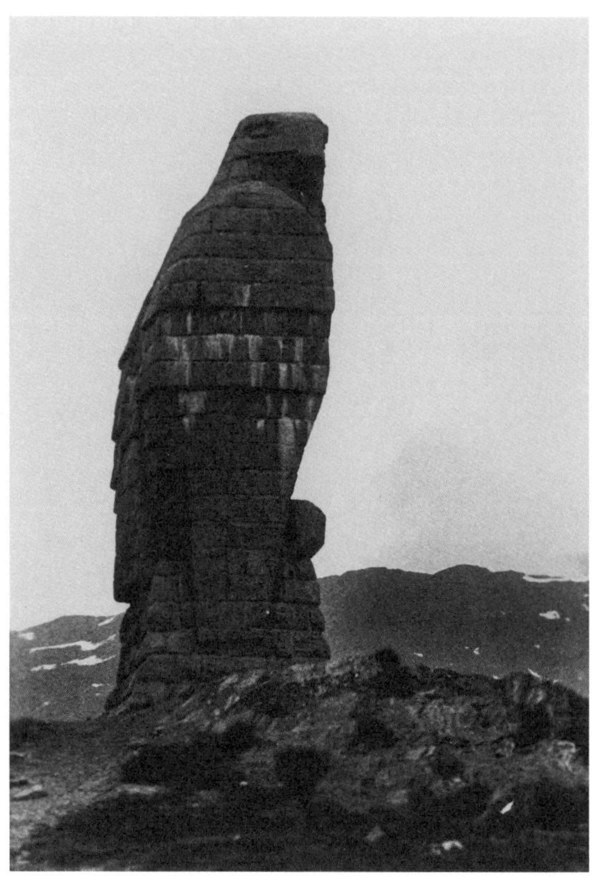

Abb. 1 Marcel Broodthaers, *Col du Simplon (Simplon-Pass)*, 1966
Silbergelatineabzug auf Fotopapier, 23,5 × 16,5 cm
Privatbesitz Maria Gilissen Broodthaers

an den Strand, um sich dort hinzusetzen. Es war ein ununterbrochener Strom der Kreativität. Er machte etwas daraus. Er hat zu Herman Daled gesagt, komm, wir gehen einkaufen für die Kinder. Dann hat Marcel Schaufeln ausgewählt, Holzpflöcke und zwei Zeichenkartons, die er gefaltet hat, und einen dicken roten und schwarzen Stift. Daled hat bezahlt. Dann sind wir nach dem Essen ans Meer gegangen und Broodthaers hat angefangen, mit einer Schaufel einen Plan zu zeichnen, als wäre es ein Plan für ein Museum. Wir wussten von nichts, aber Herman hat ihm assistiert. Selbstverständlich folgte man ihm. Ich habe das fotografisch begleitet.

Die erste Sektion des Museums war für ein ganzes Jahr in Ihrem Haus in der Rue de la Pépinière 30 in Brüssel eingerichtet. Wie beeinflusste dieser Umstand das alltägliche Leben in diesen Räumlichkeiten?

↘

Wir haben dann die Küche als Wohnraum genutzt. Er schrieb zusätzlich am Küchentisch.

Dann gab es in den drei aneinandergereihten Räumen im Erdgeschoss die *Section XIXe Siècle* des *Musée d'Art Moderne, Département des Aigles*, mit den Postkarten, den Dias (worunter sich auch einige Skizzen Johann Caspar Lavaters befanden) und den Kisten, die uns auch als Sitzgelegenheit dienten.

Die zwölf Sektionen zeichnen sich durch eine unterschiedliche zeitliche Länge aus. Manche dauerten über mehrere Jahre an, andere traten nur für eine kurze Zeit in Erscheinung. Waren diese zeitlichen Unterschiede geplant?

↘

Nichts war geplant. Die Länge war tatsächlich sehr unterschiedlich. Zum Beispiel dauerte die *Section Littéraire* mehrere Jahre an (auch wenn ich die *Section Littéraire* nach der formalen Schliessung des Museums in Form eines Verlags weitergeführt habe), die *Section XIXe Siècle* ein Jahr, die *Section XVIIe Siècle* in Antwerpen etwa zehn Tage und die *Section XIXe Siècle (Bis)* in Düsseldorf nur drei Tage. Nach der einen kam die andere.

Alle thematischen Schwerpunkte der Sektionen stossen Diskussionen an, die potenziell unendlich lang geführt werden könnten und sich im Lauf der Zeit immer wieder neu stellen. Wann erachtete Broodthaers eine Sektion als abgeschlossen?

↘

Eine Sektion war abgeschlossen, sobald eine neue aufging.

Manche der Sektionen seines Museums involvierten tatsächlich existierende Institutionen oder Personen, die eng mit diesen verbunden waren. Wie war Broodthaers in der Kunstwelt vernetzt? Kam die Idee zur Zusammenarbeit jeweils von ihm oder gingen Personen auch auf ihn zu?

Jürgen Harten zum Beispiel ist zu Besuch gekommen und schlug vor, dass die *Section XIXe Siècle* nach Düsseldorf geht. Und dann hat Broodthaers die *Section XIXe Siècle (Bis)* in der Städtischen Kunsthalle Düsseldorf mit den Bildern aus dem Keller des gegenüberliegenden Kunstmuseums Düsseldorf (heute Kunstpalast) präsentiert. Er hat die lokalen kleineren Meister hervorgeholt und ausgestellt.

In einer anderen Abteilung, der *Section des Figures (Der Adler vom Oligozän bis heute),* die ebenfalls in Düsseldorf stattfand, zeigte er eine ganze Wand mit Gemälden. In der Mitte hing die prächtige

Freiheit von Böcklin (Abb. 2). Die Abteilung nahm die Kunsthalle als Ganzes ein.

Nachher kam Piet van Daalen (Zeeuws Museum, Middelburg) auf Broodthaers zu. Und dann entstand die *Section Folklorique*.

Und aus Antwerpen kamen Kasper König und Isi Fiszman auf ihn zu. So entstand die *Section XVII*^{e} *Siècle* und so weiter. Er ging dabei auf die örtlichen Gegebenheiten und die künstlerischen Umstände ein. Zum Beispiel auf Rubens in Antwerpen.

Im Kontext seiner Auseinandersetzung mit dem Thema Museum verfasste Broodthaers zahlreiche offene Briefe. Zum Teil waren diese direkt an eine Person adressiert, etwa an Joseph Beuys. Doch wen wollte Broodthaers mit diesen Briefen wirklich erreichen?

↘

Er wollte «Chers amis» («Liebe Freunde») erreichen. Und manchmal stelle ich mir vor, dass er einige Ideen oder Gefühle kommunizieren wollte. Ich war natürlich für den Versand zuständig und habe einen Teil dieser Briefe verschickt oder verteilt, während andere von Hand zu Hand weitergereicht wurden. Es gibt heute noch einige Exemplare aus dieser Zeit.

Wie sehen Sie rückblickend Ihre eigene Rolle in Bezug auf die Sektionen des Museums? Ihre Fotografien der *Section Documentaire* sind zum Beispiel die einzigen Zeugen dieser ephemeren Inszenierung.

↗

Ich war seine Muse, seine Frau und seine Assistentin. Ich habe die meisten Sektionen fotografiert.

Heute definiert man laut dem Internationalen Museumrat ICOM als Aufgaben des Museums das Sammeln, Bewahren, Erforschen, Ausstellen und Vermitteln. Stimmt dies mit Broodthaers' Vorstellung überein?

↗

Broodthaers fand bestimmt, dass die Rolle des Museums das Konservieren und das Aufbewahren ist. Aber es ist nicht die Rolle des Museums, Kunst zu schaffen oder Kunst schaffen zu lassen. Ein Museum für zeitgenössische Kunst war für Broodthaers Nonsens, denn man kann es nicht als Museum bezeichnen. Die Kunstproduktion und das Museum gehören nicht zusammen.

Liebe Maria, ich danke Ihnen von Herzen, dass Sie sich Zeit für dieses Gespräch genommen haben!

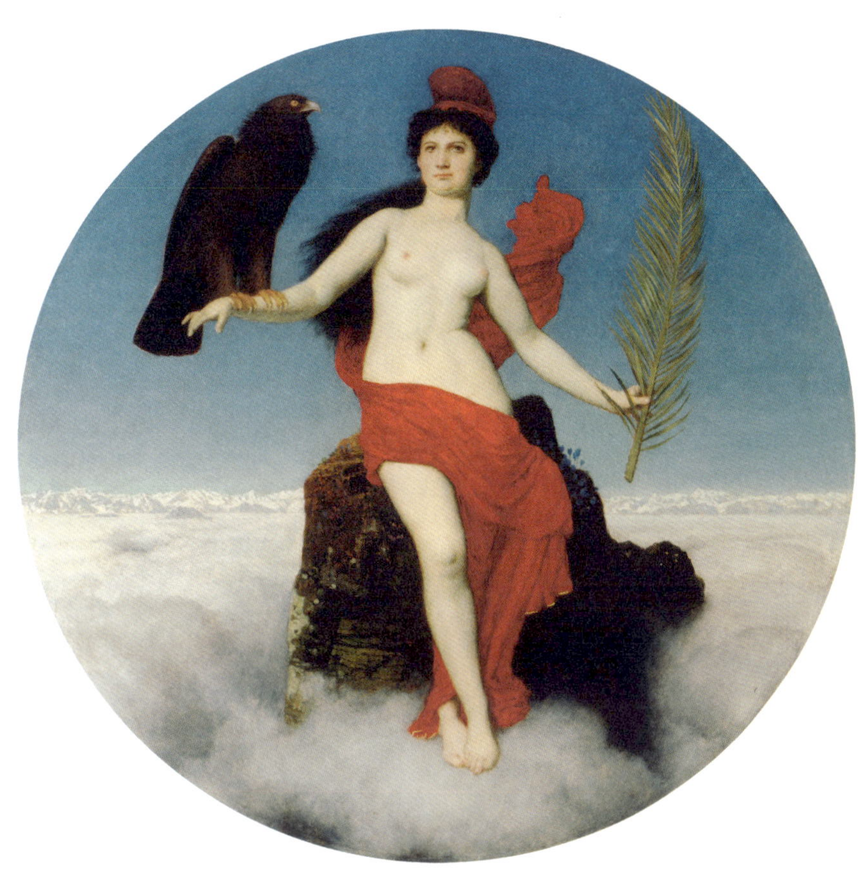

Abb. 2 Arnold Böcklin, *Die Freiheit (Helvetia)*, 1891
Tempera und Öl auf Fichtenholz, 96 × 96 cm
Kunsthaus Zürich, Leihgabe der Nationalgalerie Berlin, 1983

MARCEL BROODTHAERS – DIE GRAFIKEDITIONEN IM KONTEXT SEINES *MUSÉE D'ART MODERNE*

Simone Gehr

«Welches ist überhaupt die Rolle [...] eines Museums?»

Sammeln, Bewahren, Erforschen, Ausstellen und Vermitteln – so definiert die am 24. August 2022 verabschiedete neue Museumsdefinition des Internationalen Museumsrats ICOM die Kernaufgaben der Institution. Darüber hinaus werden Inklusion, Teilhabe und Nachhaltigkeit als zentrale Aspekte der Museumsarbeit verankert.[1] Vor diesem Hintergrund wird deutlich, dass in Bezug auf die Definition des Begriffs «Museum» Diskussionsbedarf besteht. Ein Blick in die Geschichte zeigt, dass sich die Vorstellungen, die mit dem Wort verbunden werden, über die Jahrhunderte hinweg veränderten und auch heute noch einem steten Wandel unterworfen sind. Die griechische Etymologie versteht das «museion» als Musensitz im Sinne eines häufig mit einer Lehrstätte verbundenen Altars, wohingegen die lateinische Wortherkunft auf die gelehrte Beschäftigung zurückgeht. Erst im Lauf der Zeit entwickelte sich die Bedeutung des Museums als ein Ort, an dem eine Sammlung untergebracht wird. In Johann Heinrich Zedlers *Grossem vollständigem Universal Lexicon* zeichnet sich noch 1739 ein Definitionsspektrum vom Musentempel über die Kunst- und Antiquitätenkammer bis hin zur Studierstube ab. Eine entscheidende Veränderung ist in deutschsprachigen Lexika ab etwa 1900 feststellbar, als diese den Begriff «Museum» nicht mehr in seiner ursprünglichen Bedeutungsvielfalt abbilden, sondern damit eine öffentlich präsentierte Sammlung beschreiben.[2] Dass auch diese Auslegung nicht abschliessend und für alle Zeiten gültig ist, zeigt die von Fachpersonen aus der ganzen Welt erarbeitete ICOM-Definition aus dem Jahr 2022.

Nicht nur der Begriff «Museum» bietet Anlass zur Diskussion. Auch an die heute damit verbundene Institution wurden im Lauf ihrer Geschichte immer wieder Fragen zu ihren Aufgaben sowie ihrer Verankerung innerhalb einer Gesellschaft herangetragen. Eine der wohl zentralsten Auseinandersetzungen mit dem Museum ist in den 1960er- und 1970er-Jahren im Zuge der Institutionskritik anzusetzen.[3] Von der damit einhergehenden breiten Debatte zeugt beispielsweise der 1970 erschienene Band *Das Museum der Zukunft,* der aktuelle und zukünftige Herausforderungen aus verschiedenen Perspektiven beleuchtete.[4] Auch heute wird die Diskussion um die Institution weitergeführt und fortwährend aktualisiert. Dies zeigt unter anderem der Umstand, dass 2020 ein zweiter Band publiziert wurde.[5] Im einleitenden Text wird auf einen Künstler hingewiesen,[6] der nicht nur die Diskussion um die Institution zum Bestandteil seines Schaffens machte, sondern der auch heute noch relevante Fragen zum Museum, aber auch zum damit verbundenen Kunstbetrieb aufwarf: Marcel Broodthaers.

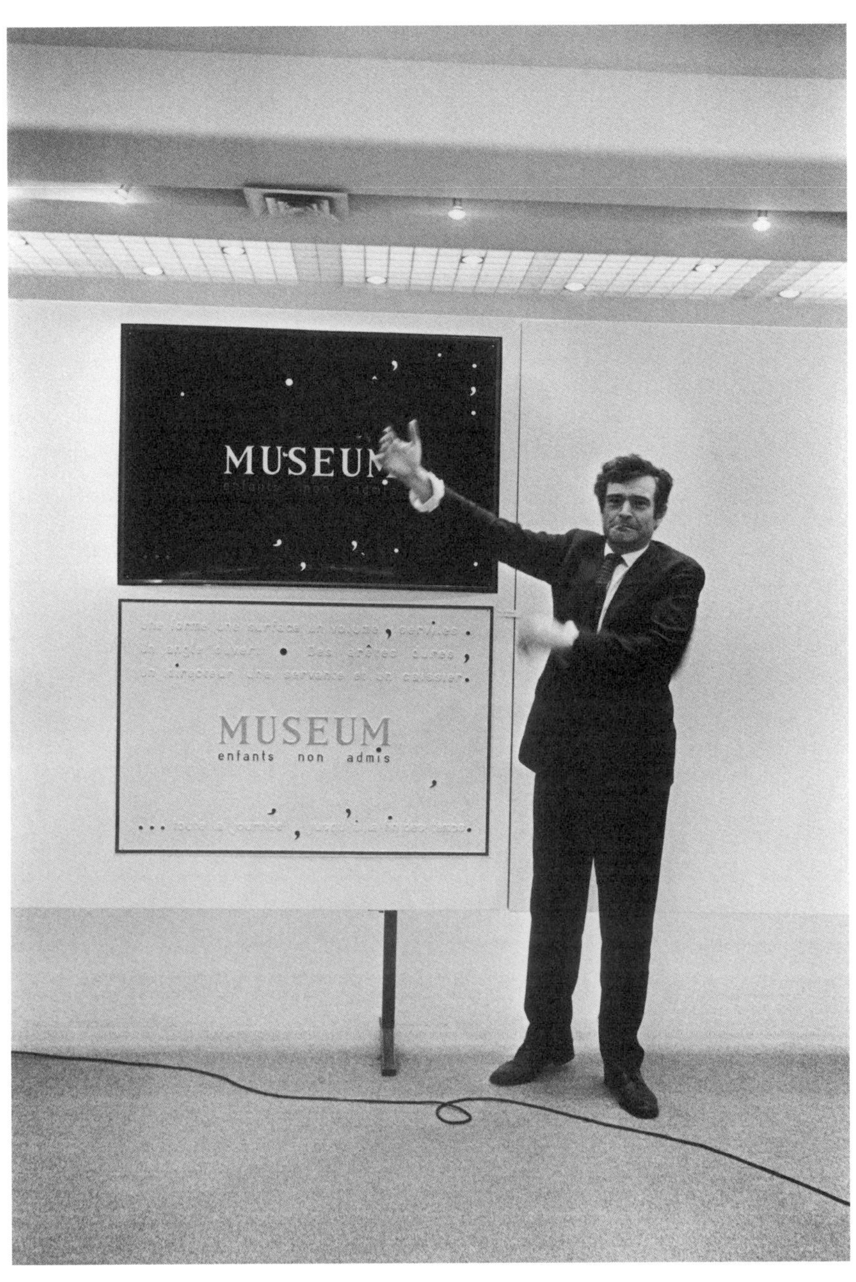

Abb. 3

Angelika Platen, *Marcel Broodthaers, Düsseldorf 1968. «Museum enfants non admis»*, 1968
Silbergelatineabzug auf Barytpapier, 23,8 × 17,8 cm
Kunsthaus Zürich, Fotosammlung, 2023

Broodthaers ist zunächst Dichter und arbeitet zudem als Journalist, Buchhändler und Museumsführer, bevor er sich im Alter von vierzig Jahren als Autodidakt der bildenden Kunst zuwendet.[7] Als der Belgier 1976 an seinem 52. Geburtstag verstirbt, hinterlässt er trotz der nur zwölfjährigen Schaffenszeit ein ungemein vielfältiges Werk. Broodthaers' intellektueller und zugleich humoristischer Zugang zu komplexen Themen kombiniert oftmals poetische und bildkünstlerische Herangehensweisen, weshalb er als Künstler immer auch Dichter bleibt.[8] Am wohl intensivsten beschäftigt er sich mit dem Thema Museum. Ausgelöst durch die 1968er-Bewegung und den damit verbundenen Protesten in Brüssel gründet er sein eigenes Museum, das nie als reale Institution existiert. Zwischen 1968 und 1972 tritt sein fiktives *Musée d'Art Moderne (Museum für Moderne Kunst)* in verschiedensten Formen in Erscheinung.[9]

> «Welches ist überhaupt die Rolle dessen, was das künstlerische Leben in einer Gesellschaft repräsentiert – nämlich eines Museums?»[10]

Diese Frage Broodthaers' zeigt, was den Künstler an seiner mehrjährigen Auseinandersetzung mit dem Thema Museum interessiert. Doch was genau ist seine Vorstellung eines idealen Museums? Was kritisiert er an den Museen seiner Zeit? Und wie können wir auf Grundlage seiner Werke die heutige Museumslandschaft reflektieren? Vor dem Hintergrund dieser Fragen sollen seine Werke anhand von vier Aspekten genauer beleuchtet werden, die in Bezug auf die Institution eine zentrale Stellung einnehmen: die Kunstschaffenden, das Museum selbst, der Kunstmarkt und das Publikum. So wird thematisiert, wie sich Broodthaers mit seinem Künstlerdasein auseinandersetzt und wie er ausgehend davon die Künstler:innen im Kulturbetrieb seiner Zeit verortet. In Bezug auf die Institution wird hinterfragt, wie das Museum innerhalb der Kunstszene agiert, worauf es Einfluss nimmt und wie sich dies äussert. Eng verknüpft sind diese Überlegungen mit dem Kunstmarkt, wobei Verbindungen von Kunst und monetärem Wert problematisiert werden.

Wie ist der Einfluss des Markts auf den künstlerischen Prozess zu beurteilen, wer bestimmt «Wert» überhaupt und welche Position nehmen dabei Kunstschaffende und Museum ein? Broodthaers' unmittelbare Gegenwart wirkt sich nicht nur auf die Auseinandersetzung mit dem Kunstmarkt, sondern auch in Bezug auf die Besucher:innen seines *Musée d'Art Moderne* aus. Abschliessend soll deshalb danach gefragt werden, welche Rolle er ihnen beimisst. Ziel dieser Ausführungen ist es, einerseits die Aktualität des Schaffens Broodthaers' in Bezug auf die Institution aufzuzeigen, andererseits aber auch eine Reflexion der heutigen Museumslandschaft sowie des damit verbundenen Kulturbetriebs auf Grundlage seiner Werke zu ermöglichen.

Ausgangspunkt dieser Gedankengänge bildet die Werkgruppe der Grafikeditionen, die mit dieser Publikation im Themenfeld Museum verortet wird. Der Begriff «grafische Editionen» ist bei Broodthaers relativ breit gefasst und schliesst neben Druckgrafik auch Film, Fotografie und installative Arbeiten ein. Bei den druckgrafischen Erzeugnissen handelt es sich nicht um Originalgrafik, da der Künstler maschinelle Techniken wie Offset-, Buch- oder Siebdruck nutzt.[11] Mit 26 Werken können Broodthaers' Grafikeditionen nicht unbedingt als umfangreich bezeichnet werden. Dennoch bildet die Werkgruppe, die mit ihrer Entstehung von 1964 bis 1975 seine gesamte Schaffenszeit als bildender Künstler umfasst, einen wichtigen

Bestandteil seines Œuvres.[12] Bei einer Betrachtung der grafischen Editionen unter den vier Aspekten Kunstschaffende, Museum, Kunstmarkt und Publikum sei darauf hingewiesen, dass die einzelnen Themenbereiche nicht klar voneinander getrennt werden können. Viele der Grafikeditionen sprechen mehrere Aspekte an. Dieser Text ist folglich als thematisch gruppierter Diskussionsvorschlag zu verstehen, der es einerseits ermöglichen soll, anhand der grafischen Editionen der Grundsatzfrage Broodthaers' nach der Rolle des Museums nachzugehen, sowie andererseits diese Überlegungen zur Reflexion der gegenwärtigen Situation zu nutzen. In der exemplarischen Besprechung[13] zeigt sich deutlich ein entscheidendes Merkmal der Arbeiten des Künstlers: Einzelne Werke sind nicht singulär zu betrachten. Vielmehr prägen immer wieder vorgenommene Bezugnahmen Broodthaers' Œuvre.[14] Seine analytische, kritische und hinterfragende Herangehensweise kann dabei trotz ästhetischer wie poetischer Umsetzung durchaus auch wissenschaftlich anmuten. Broodthaers selbst grenzt sein Werk jedoch entschieden davon ab:

> Als Definition von Kunst habe ich die eines wissenschaftlichen Freundes sehr geschätzt: die Kunst und die Wissenschaft, das vermischt sich nicht. Für mich ist die Kunst eine Laune. Was natürlich nicht ausschließt, daß man eine wissenschaftliche Lesart der Kunst durchführen kann.»[15]

Die Künstler:innen

Indem Broodthaers fünfzig Exemplare seines Gedichtbands *Pense-Bête* in einen Sockel aus Gips setzt, verkündet der Dichter im Jahr 1964 den Start seiner Tätigkeit als bildender Künstler.[16] Er begründet diese selbst ernannte Zuordnung im Wechsel des Mediums, wenngleich die poetische Komponente immer Teil seines Œuvres bleiben wird. Den Bezug zum eigenen Künstlerdasein thematisiert er folglich von Beginn an in seinem Schaffen. Doch wie genau äussert sich dies in seinen Werken? Und wie verortet er die Rolle von Kunstschaffenden allgemein im Kulturbetrieb seiner Zeit?

«Das Original der Künstlersignatur macht den Kunstgegenstand aus»,[17] stellt Broodthaers fest und fragt damit, ob es allein die sichtbare Verbindung zu einer künstlerisch tätigen Person ist, die ein Objekt zu einem Kunstwerk macht. In seinem Künstlerbuch *Magie. Art et Politique* (*Magie. Kunst und Politik,* 1973) schreibt er: «Die Schrift des Künstlers ergänzt oder ersetzt seine Bilder.»[18] Broodthaers hinterfragt mit seinen Aussagen die zentrale Rolle, die dem Moment des Signierens bei der Definition von Kunst beigemessen wird. Diesen Zusammenhang verdeutlichte bereits Marcel Duchamp, der mit der Signatur jeden beliebigen Gegenstand zu einem Kunstwerk werden liess.[19] Broodthaers bemerkt selbst: «Seit Duchamp ist der Künstler Autor einer Definition.»[20] Er, der seine Werke im Normalfall signiert,[21] spielt in einigen Werken ironisch mit dieser definitorischen Kraft, indem sein Monogramm zentraler Bildbestandteil wird.

Der Siebdruck *La Signature Série 1. Tirage illimité* (*Die Signatur 1. Serie. Unbegrenzte Auflage,* Kat. 3) zeigt beispielsweise als einziges Sujet die unregelmässig angeordnete, 153-mal in Schwarz gedruckte Signatur Broodthaers'. Die maschinelle Reproduktion ist es, die hier die Authentizität der Signatur ad absurdum führt.[22] Der Abzug, der sich im Besitz der Grafischen Sammlung des Kunsthaus Zürich befindet, ist darüber hinaus mit Bleistift signiert.[23] Damit fügt Broodthaers eine weitere ironisch-hinterfragende Ebene ein: Die Signatur, die gemeinhin als Garant für Authentizität und Autorschaft gilt,[24] verspricht genau dies für einen Bildinhalt, der wiederum sie selbst zeigt. Damit hebelt der Künstler die eigentliche Bedeutung seiner handschriftlichen Bezeichnung aus. Zugleich drängt sich die Frage auf, ob eine Signatur ausreicht, um einem Gegenstand zu einer Einordnung als künstlerischem Objekt zu verhelfen. Mit seinem Vorgehen verschiebt Broodthaers die Wichtigkeit von der Signatur zurück auf die künstlerische Leistung.

Indem er die Bedeutung des Signierens kritisch beleuchtet, stellt er vor allem den Kunstmarkt und dessen Fixierung auf die künstlerisch tätige Person in Frage.[25] Doch auch die Rolle der Kunstschaffenden, allen voran seine eigene, reflektiert er: Das Werk *M. B., 24 Images/Seconde* (*M. B., 24 Bilder/Sekunde,* Kat. 4) beinhaltet wie bereits *La Signature Série 1. Tirage illimité* einzig Broodthaers' Monogramm. Es handelt sich um einen Filmstreifen, der um einen weissen Karton fixiert ist. Auf dem Filmstreifen ist in 24 Einzelaufnahmen das Entstehen der Initialen «M. B.» abgebildet. Der Film, der als solcher mit dem Titel *Une seconde d'éternité (D'après une idée de Charles Baudelaire)* (*Eine Sekunde Ewigkeit [Nach einer Idee von Charles Baudelaire],* 1970) veröffentlicht wird und genau eine Sekunde dauert, benennt Charles Baudelaire als Ideengeber und Inspirationsquelle.[26] Broodthaers schreibt: «Nach dem Modell von Narziss / wollte ich den Film / von 1 Sekunde (24 Bildern) für mich allein. / (Ich betrachte mich in einem Film wie in einem Spiegel) / Der Gedanke hat mir genügt …»[27] Charlotte Friling sieht in der Hervorhebung der Initialen auch ein klares Selbstporträt Broodthaers', der einen narzisstischen Impuls in sich beobachtet und seine Beziehung dazu beschreibt.[28] Er stellt folglich über verschiedene Ebenen eine Verbindung von der Signatur zur eitlen Selbstbezogenheit her: Er erwähnt Narziss sowie dessen Spiegel und bezieht sich über den Filmtitel darüber hinaus auf Baudelaire, der laut Viola Hildebrand-Schat als Inbegriff des narzisstischen Dichters gelten kann.[29] Demnach setzt sich Broodthaers in *M. B., 24 Images/Seconde* mit Selbstinszenierung und eigener Relevanzbemessung auseinander. In seinem Künstlerbuch *Magie. Art et Politique* stellt er «Narziss sein» und «Künstler sein» einander sogar direkt gegenüber.[30] Doch sind Kunstschaffende grundsätzlich narzisstisch veranlagt? Und wie verortet sich Broodthaers hier selbst?

Die Motivation jedes Künstlers ist eigentlich der Narzißmus, vielleicht auch der ‹Wille zur Macht› (Nietzsche). Für mich ist aber die Motivation weniger interessant als vielmehr das Thema selbst.»[31]

Mit dieser Aussage zeigt Broodthaers auf, dass er der künstlerischen Tätigkeit per se eine narzisstische Motivation unterstellt. Zugleich nimmt er sich selbst davon aus, indem er sein Interesse ausdrücklich nicht an dieser Motivation, dem Narzissmus, sondern an der Beschäftigung mit dem Thema selbst bekundet. Er versteht es aber auch, seine Aussagen als nicht immer vertrauenswürdig auszuweisen:

«Wenn ich meiner politischen Auffassung der Welt folge, hätte ich die Tendenz, nichts anderes als objektive Informationen über die Welt zu geben. Auf der anderen Seite habe ich eine natürliche Tendenz dazu, narzistisch [sic] zu sein, subjektiv zu sein, mich selbst auszudrücken, und das ist es, was ich zu verstecken beabsichtige.»[32]

In Bezug auf die Grafikedition *M. B., 24 Images/Seconde* ist festzustellen, dass Broodthaers hier keineswegs einer narzisstischen Selbstdarstellung nachgeht, indem er sich zum einzigen Bildgegenstand erklärt. Vielmehr handelt es sich um eine kritische Methode, das Subjekt nicht sich selbst darstellen zu lassen, sondern es durch die ständige Wiederholung, zu der es durch die Anbringung des Filmstreifens als Dauerschleife verpflichtet wird, beherrschen zu lassen.[33] Der mit dem Monogramm verbundene Verweis auf Broodthaers und die damit einhergehende Legitimierung des Films als sein authentisches Werk werden unterwandert, indem die beiden Buchstaben immer wieder verschwinden und einen Augenblick später neu entstehen. Autor und Werk sind somit in ihrer gemeinsamen An- oder Abwesenheit direkt miteinander verknüpft.[34]

Neben dieser Hinterfragung von Selbstbezogenheit und Narzissmus am Beispiel Baudelaires sind Hinweise auf andere Personen im Schaffen Broodthaers' häufig als bewusste Hervorhebungen und damit einhergehende Würdigungen zu verstehen. Der französische Künstler Daniel Buren beschreibt Broodthaers' Verhältnis zu anderen Kunstschaffenden wie folgt:

> Eine Neugier, die mit einer großen Generosität verbunden war, eine Qualität, die ich hier erwähnen will angesichts ihrer Seltenheit in unserem Milieu [...].»[35]

Auffällig ist, dass viele der Personen, auf die Broodthaers in seinen Werken hinweist, im 19. Jahrhundert lebten. Sein Schaffen wird damit zu einer diskursiven Praxis, die Bezüge zu durchwegs männlichen Autoritäten herstellt. Das Vorgehen erschöpft sich dabei keinesfalls in der einfachen Nachahmung seiner Vorbilder. Vielmehr geht es bei den Anspielungen um die Eröffnung von Diskussionsebenen.[36]

Le Manuscrit trouvé dans une Bouteille (*Das Manuskript in der Flasche*, Kat. 19) ist wohl die Grafikedition, anhand derer sich Broodthaers' komplexe Verweisstrukturen am besten zeigen. Der Bezug zu Edgar Allan Poe ist von zentraler Bedeutung für dieses Werk.[37] 1833 veröffentlichte der Schriftsteller die Kurzgeschichte *MS. Found in a Bottle*, auf die sich Broodthaers bezieht. In Poes Text treibt das Schiff des Erzählers zum Südpol, wo das Eis plötzlich aufbricht und ein Strudel entsteht. Der Protagonist schreibt seine dramatischen Abenteuer in einem Manuskript, «MS.», nieder und wirft dieses als Flaschenpost ins Meer. Damit ist das Thema der Kommunikation der Kurzgeschichte immanent, denn der Flaschenpost wohnt trotz des fehlenden direkten Adressaten die Hoffnung inne, dass jemand sie entdecken wird.[38] Dieser Aspekt zeigt sich auch im Werk Broodthaers', das aus drei Teilen besteht: eine klare Glasflasche, eine bedruckte Papierhülle und eine Kartonschachtel. Karton und Papierhülle irritieren: Eine Flaschenpost braucht üblicherweise weder eine Kartonverpackung noch eine papierene Ummantelung, um ihren eigentlichen Zweck – eine Mitteilung an eine unbestimmte Person – erfüllen zu können. Karton und Papierhülle sind möglicherweise eine spätere Hinzufügung der fiktiven Finder:innen der Flaschenpost, die sie schützend verpacken. Die verschiedenen Formen des Umhüllens spielen eine wichtige Rolle für Broodthaers' Werk, das auf Ausstellungen sowohl verpackt als auch ausgepackt präsentiert wird.[39] Bei der genaueren Betrachtung der drei Werkbestandteile stellt sich schliesslich eine zentrale Frage: Wo ist der eigentliche Inhalt – das Manuskript, auf das der Titel des Werks hinweist? Als einziger zweidimensionaler Werkbestandteil übermittelt die

Druckgrafik anstelle einer offenbar fehlenden handschriftlichen Nachricht grundlegende Informationen auf Deutsch, Englisch und Französisch:[40] «Das Subjekt: Ist die Erzählung von Edgar Allan Poe ‹Das Manuskript in der Flasche›, 1833 zum ersten Mal in Baltimore in einer Zeitung veröffentlicht.» Broodthaers verweist explizit auf die textliche Grundlage Poes. Doch wie kommt die Flaschenpost überhaupt zu ihren Finder:innen? Auch darauf deutet die Druckgrafik hin: «Ich habe diese Flasche ‹am grünen Strand der Spree› gefunden».[41] Mit diesem Hinweis appelliert Broodthaers an eine popkulturelle Erinnerung: *Am grünen Strand der Spree – So gut wie ein Roman* ist ein beliebter deutscher Fernsehmehrteiler nach einem Buch von Hans Scholz.[42] Der Roman wiederum ist angelegt als komplexe Erzählung verschiedener Autorschaften. Broodthaers fächert ein vielschichtiges intertextuelles Gefüge auf, indem er direkt auf Poes *MS. Found in a Bottle* verweist und damit dieses Werk hervorhebt. Gleichzeitig stellt er aber auch einen Bezug zu Scholz' *Am grünen Strand der Spree – So gut wie ein Roman* sowie dessen Verfilmung her, ohne den Schriftsteller explizit zu erwähnen. Hildebrand-Schat zufolge hat dieser Verweis die Funktion, Broodthaers' Arbeit auf die sich in ihr treffenden Autorschaften zurückzuführen. Der Künstler erscheint als ihr Urheber, wenngleich das Werk sich auf Poes Text bezieht – in dem wiederum das Manuskript des Erzählers eine zentrale Rolle spielt.[43] Zwei verschiedene Formen des Umgangs mit fremder Autorschaft zeigen sich also hier: die Betonung, die allen verständlich ist, und die Andeutung, die nur mit Vorkenntnissen entschlüsselt werden kann.

Die Betonung im Sinne einer Würdigung ist in Broodthaers' Œuvre jedoch nicht nur in Bezug auf Werke bekannter Schriftsteller festzustellen. Der Grafikedition *Chère Petite Sœur* (*Liebe kleine Schwester,* Kat. 10) liegt beispielsweise eine Postkarte zugrunde, die der Künstler in einem Laden erworben hat.[44] Darauf steuert ein Schiff im aufgewühlten Meer einen Hafen an. Unter dem Bildfeld des Offsetdrucks Broodthaers' ist in gedruckter, geschwungener Handschrift folgender Text zu lesen: «Liebe kleine Schwester, dies hier soll dir eine Vorstellung vom Meer während des Sturms geben, den wir gestern hatten. Werde darüber ausführlich berichten, liebe Grüsse und bis bald. Marie». Wie zu Beginn des 20. Jahrhunderts üblich, sind diese Grussworte Maries auf die Vorderseite der Postkarte gesetzt.[45] Im eng mit der Druckgrafik verbundenen Film *Chère Petite Sœur (La Tempête)* (*Liebe kleine Schwester [Der Sturm],* 1972) nimmt Broodthaers auch die Rückseite der Karte auf. Als Empfängerin der am 27. August 1901 abgestempelten Post wird hier Mademoiselle Smeets in Brüssel genannt.[46] Maries private Kommunikation an ihre Schwester wird von Broodthaers hervorgehoben und vervielfältigt, indem er sie als Offsetdruck in einer Auflage erscheinen lässt. Die höfliche Form der Kommunikation ist es, die er mit diesem Werk in die Gegenwart überführt. Er aktualisiert sie durch die Hinzufügung der Datierung des Blatts auf den 5. Mai 1972 sowie durch die handschriftliche Wiederholung der Anrede, «Chère Petite Sœur, ...».

Broodthaers setzt sich auf verschiedene Art mit seinem eigenen Künstlerdasein, aber auch mit der Rolle von Kunstschaffenden allgemein auseinander. Während seiner gesamten Schaffenszeit bleibt das Thema auf unterschiedlichen Ebenen präsent. Er fragt danach, was ein Kunstwerk ausmacht und ob es allein die Signatur ist, die einen Gegenstand zu Kunst werden lässt.[47] Dabei führt er Authentizität und Originalität, die gemeinhin mit der Signatur verbunden werden,[48] ad absurdum. Darüber hinaus reflektiert er, wie wichtig Künstler:innen als Personen für ihr Werk sind. Er geht spielerisch mit Eitelkeit und Selbstbezogenheit um und hinterfragt narzisstische Impulse.[49] Gleichzeitig setzt sich Broodthaers auch in Relation zu anderen Kunstschaffenden und Dichtern. Er hebt, im Sinne einer Würdigung oder Empfehlung, bewusst bestimmte Personen hervor, womit er sich in einen selbst gewählten Kanon einschreibt. Mit dieser diskursiven Praxis eröffnet er Diskussionsebenen und geht über das einfache Nachahmen hinaus.[50] Er wird zum Lehrer, der seinem Publikum ausgewählte Beispiele an die Hand gibt. In seinem dabei häufig erfolgenden Bezug auf das 19. Jahrhundert zeigt sich zugleich Broodthaers' skeptische Einstellung gegenüber seiner unmittelbaren Gegenwart. So glaubt er nicht, dass die Menschen fähig sind, noch etwas Neues zu erfinden, da alle Formen des Ausdrucks bereits existieren.[51] Es offenbart sich ein kritischer Blick auf den Kulturbetrieb seiner Zeit, der auch Broodthaers' Auseinandersetzung mit dem Museum prägt.

Das Museum

«Welches ist überhaupt die Rolle dessen, was das künstlerische Leben in einer Gesellschaft repräsentiert – nämlich eines Museums?»[52] Von dieser Frage geht Broodthaers bei seiner mehrjährigen Beschäftigung mit dem Thema Museum aus. Auslöser dafür sind die Proteste in Brüssel im Jahr 1968, bei denen Kunstschaffende und Intellektuelle nicht nur in Belgien die Kontrolle über Institutionen fordern, die zwischen der Öffentlichkeit und geistig-künstlerischen Werken vermitteln. In der belgischen Hauptstadt konzentrieren sich die Proteste auf das Palais des Beaux-Arts. Als einer von vier Delegierten der Protestierenden verhandelt Broodthaers mit Paul Willems, dem Direktor, und Pierre Jeanlet, dem Ausstellungsdirektor. Als Folge davon wird Ende Mai 1968 nur ein Raum, der Marmorsaal, eingenommen. Nach etwas mehr als einer Woche verlässt Broodthaers das Palais des Beaux-Arts frühzeitig, als dort die Produktion von Kunstwerken vorbereitet wird. Die Verortung von zeitgenössischer Kunst in einem Museum, das per se ein historisierendes Moment innehat, widerspricht seiner Vorstellung der Institution grundsätzlich. Sein erster offener Brief, den er am 7. Juni 1968 an seine Freunde adressiert, verdeutlicht sein Unbehagen:[53]

> Ich schreibe. Ich habe das Wort ergriffen. Eine oder zwei Stunden lang bin ich Unterhändler gewesen. Ich sage Ich. Ich habe wieder eine persönliche Haltung.»[54]

Im Nachgang der Geschehnisse im Palais des Beaux-Arts eröffnet der Künstler in dem Haus in Brüssel, in dem er mit seiner Familie wohnt, am 27. September 1968 sein *Musée d'Art Moderne, Département des Aigles (Museum für Moderne Kunst, Abteilung Adler)* mit der *Section XIXe Siècle (Sektion 19. Jahrhundert).* Er zeigt dabei nicht etwa tatsächliche Kunstwerke, sondern erstellt vielmehr ein Museum, das aus Kunsttransportkisten, Postkarten von Gemälden, Diaprojektionen und einem leeren, vor dem Haus geparkten Lkw besteht.[55] Bei den Reproduktionen handelt es sich, wie bereits die Benennung als *Section XIXe Siècle* vermuten lässt, hauptsächlich um französische Kunst des 19. Jahrhunderts, beispielsweise Gemälde Jean-Auguste-Dominique Ingres' oder Gustave Courbets.[56] Das Motiv der Postkarten greift Broodthaers auch in der zweiteiligen Grafikedition *Musée – Museum* (Kat. 12) auf. Die beiden Blätter bilden jeweils identisch den Grund- und den Aufriss der

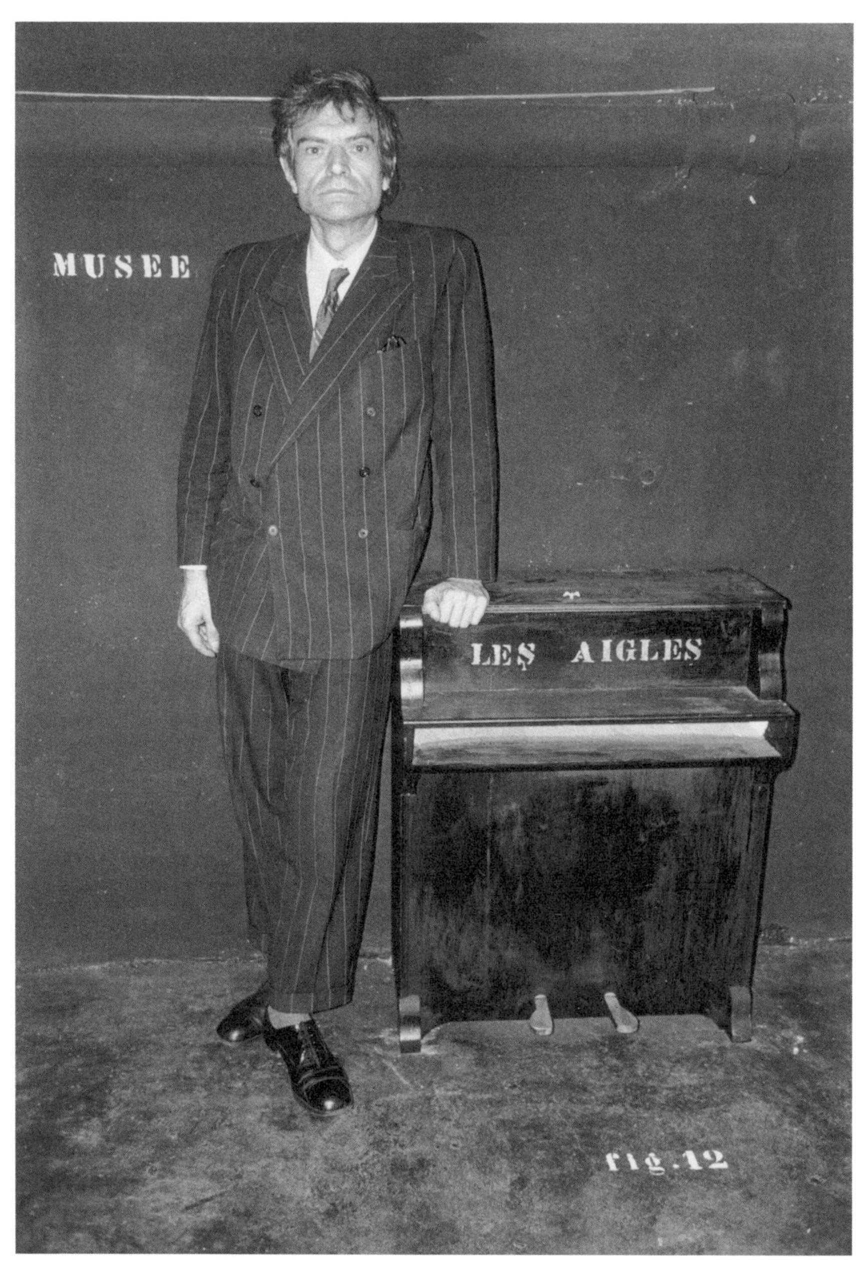

Abb. 4 Bernd Jansen, *Marcel Broodthaers. Musée d'Art Moderne, Département des Aigles,* 1972
Silbergelatineabzug auf Fotopapier, 37,3 × 26,9 cm
Privatbesitz

Räumlichkeiten des Museums im Haus in der Rue de la Pépinière 30 ab. Ersichtlich werden die Standorte der Transportkisten, aber auch die Anbringung der Reproduktionen an der Wand. Zudem steckt Broodthaers in jedes der beiden Blätter insgesamt fünf Postkarten, die Werke von Ingres und Courbet zeigen.[57] Im zur Edition gehörenden Text fragt er: «Sind die Postkarten im Museumsplan [...] das Original?»[58] Damit spielt er auf die Diskrepanz seines Museums zu realen Institutionen an. So ist neben dem Fehlen wertvoller Objekte auch die Dauerhaftigkeit von Museum und Sammlung nicht gewährleistet. Dies macht Broodthaers' *Musée d'Art Moderne* Compton zufolge zu einer Leerform, die allein die Rahmenbedingungen institutionalisierter Kunst zeigt.[59] Im Fokus steht dabei der Wunsch, einen «Ort der Diskussion, des Gedankenaustausches»[60] zu entwerfen. Themen wie die aktuelle Lage der Kunst und des Kunstbetriebs sowie auch der Museen sollen hier vor dem Hintergrund ihrer ausgestellten Rahmenbedingungen reflektiert werden.

Ebendiese reflexive Ebene des Museumsprojekts Broodthaers' zeigt sich darüber hinaus in dessen komplexer Benennung, die institutionelle Strukturen parodiert.[61] Er unterteilt sein *Musée d'Art Moderne, Département des Aigles* in insgesamt zwölf sogenannte Sektionen. Die einzelnen Inszenierungen finden an unterschiedlichen Orten statt, dauern nicht gleich lange, unterscheiden sich in ihrer Ausführung grundsätzlich voneinander und betonen darüber hinaus jeweils verschiedene Schwerpunkte des Themenfelds Museum.[62] Immer wieder stellt Broodthaers dabei den Bezug zum 19. Jahrhundert her, beispielsweise durch den Titel seiner ersten Sektion, der *Section XIXᵉ Siècle.* Das 19. Jahrhundert ist von grosser Bedeutung für die Entstehung der Institution Museum als Ort öffentlicher Zugänglichkeit, aber auch bürgerlicher Machtrepräsentation.[63] Zahlreiche Ordnungssysteme etablierten sich im Lauf dieses Jahrhunderts, beispielsweise die Aufgliederung in Spezialmuseen wie etwa Kunstmuseen, aber auch die Unterteilung der dort gezeigten Werke in Epochen oder Schulen.[64] Dementsprechend ist die vielgliedrige Titelgebung der Museumsinszenierungen Broodthaers' eine spielerische Auseinandersetzung mit dem 19. Jahrhundert, die in ihrer Überspitzung die Strukturierung selbst hinterfragt.[65]

Bereits während der ersten Sektion des Museums, die im Haus des Künstlers genau ein Jahr lang besteht, zeigt sich ein zentrales Element der Beschäftigung Broodthaers' mit der Institution: die Kommunikation. So empfängt er unterschiedlichste Personen aus der Kunst- und Kulturbranche, führt Veranstaltungen durch und kommuniziert mithilfe seiner *Lettres ouvertes* ästhetische, aber auch politische Gedanken.[66] Die Briefe werden an Galerien, Ausstellungsräume, aber auch an Einzelpersonen versendet.[67] Unterstrichen wird die zentrale Rolle der Kommunikation für Broodthaers' fiktives Museum dadurch, dass die *Lettres ouvertes* selbst zu einer Sektion werden, der *Section Littéraire (Literarische Sektion).*[68] Bei dieser Einordnung als eigene Sektion wird zugleich deutlich, dass die offenen Briefe nicht unbedingt Erklärungen zum Schaffen Broodthaers' bereitstellen. Gemäss Bernard Marcadé ist es ein wichtiger Bestandteil seiner Überlegungen, dass Kunst dezidiert keine Botschaft vermitteln soll, da sie sonst Gefahr läuft, sich mit Werbezwecken zu überschneiden.[69]

Auch in den Grafikeditionen, die auf die offenen Briefe anspielen, zeigt sich dieses Vorgehen. Beispielsweise lehnt sich die sechsteilige Druckgrafik *Avis. Six Lettres ouvertes (Bekanntmachung. Sechs offene Briefe,* Kat. 7) in ihrer Gestaltung sowie aufgrund des Titels an die *Lettres ouvertes* an. Das Werk wird unter dem Namen der

Section des Figures (Sektion der Figuren) publiziert, die wiederum identisch ist mit der Ausstellung *Der Adler vom Oligozän bis heute,* die 1972 in der Städtischen Kunsthalle Düsseldorf stattfindet.[70] Auf jedem der sechs Blätter ist die Darstellung eines Adlers zu sehen, wobei diese verschiedenen Kontexten entnommen sind. So werden archäologische Funde früherer Jahrtausende neben Abbildungen gezeigt, die aus Zeitschriften oder Comics stammen könnten. Unter diesem jeweils mittig platzierten Bildfeld fügt Broodthaers auf jedem Blatt einen Satz ein. Auf den ersten fünf Druckgrafiken beginnt dieser mit: «Jede Ähnlichkeit der Abteilung Adler mit solchen in Museen aller Art [...]». Ergänzt wird: «ist zufällig», «ist rein formal», «ist unbeabsichtigt», «existiert nur in der Einbildung» und «ist ein Ergebnis der Zivilisation». Auf dem sechsten Blatt steht abschliessend: «Die Direktion lehnt jede Verantwortung ab.» Es verdeutlicht sich erneut Broodthaers' Spiel mit festen Strukturen. Er hinterfragt, warum Ähnlichkeiten zwischen dem, was er als Museum zeigt, und den realen Museen zu erkennen sind, ohne dabei eine Antwort zu geben. Damit stellt er die elementare Frage, was Museen überhaupt ausmacht, und regt dazu an, etablierte institutionelle Gefüge kritisch zu beleuchten.

Dem geht auch die bereits erwähnte Ausstellung *Der Adler vom Oligozän bis heute* nach. Broodthaers präsentiert hier mehr als 300 Adler – darunter Museumsobjekte, Werbung, Wappen, Ortsschilder und Cartoons.[71] Die Exponate gehören unterschiedlichen Epochen, Kulturen und Anwendungsbereichen an und werden scheinbar willkürlich, ohne eine erkennbare hierarchische Struktur angeordnet.[72] Jedes Ausstellungsstück, ungeachtet seiner Herkunft, Datierung oder materiellen Beschaffenheit, versieht Broodthaers mit dem Vermerk «Dies ist kein Kunstwerk». Damit referiert er sowohl auf René Magritte als auch auf Duchamp, wie auch ihre Hervorhebung im ersten Band des die Ausstellung begleitenden Katalogs verdeutlicht.[73] Ort und Form der Präsentation sind es, die bei Duchamp jedes beliebige Objekt zu einem Kunstwerk machen – und nicht die spezifischen Qualitäten des Gegenstands. Broodthaers' Vorgehen erfolgt genau umgekehrt, indem er den Exponaten der Düsseldorfer Ausstellung explizit den Status als Kunstwerk abspricht.[74] Neben dem Verweis auf Duchamp ist die Nähe zu Magritte und dessen Werk *La Trahison des images* (Abb. 5) zentral für das Verständnis der *Section des Figures.* Magritte führt mit seiner Darstellung einer Pfeife, die er mit dem Zusatz «Dies ist keine Pfeife» versieht, die verschiedenen Realitätsebenen von Bild und Abbild vor. Broodthaers transferiert diesen Gedanken in seiner Ausstellung. Indem er seinen Exponaten den Vermerk «Dies ist kein Kunstwerk» hinzufügt, weist er im übertragenen Sinne darauf hin, dass diese zwar Kunst repräsentieren, selbst aber nicht Kunst sind.[75]

In seinem enzyklopädischen Eintrag, der im zweiten Band des Düsseldorfer Katalogs abgedruckt wird, beschreibt auch Jürgen Harten, dass durch die Präsentation und Anordnung der Gegenstände die Verbindung zu ihrer ursprünglichen Bedeutung verloren geht, wodurch sie zu «Abbilder[n] von Dingen» werden.[76] So ist das Thema der Ausstellung *Der Adler vom Oligozän bis heute* nicht etwa, wie ihr Titel vermuten lässt, der Adler, sondern die musealisierende Tätigkeit, die sich in der Anordnung und Institutionalisierung der Exponate zeigt.[77] Letztlich führt das Vorgehen Broodthaers' zu einer Hinterfragung der Institution Museum sowie der Rahmenbedingungen von Kunst: Wie werden Werke präsentiert? Warum werden sie so angeordnet? Und kann durch die Sammlung oder Präsentation in einem Museum jeder beliebige Gegenstand zu einem Kunstwerk werden?

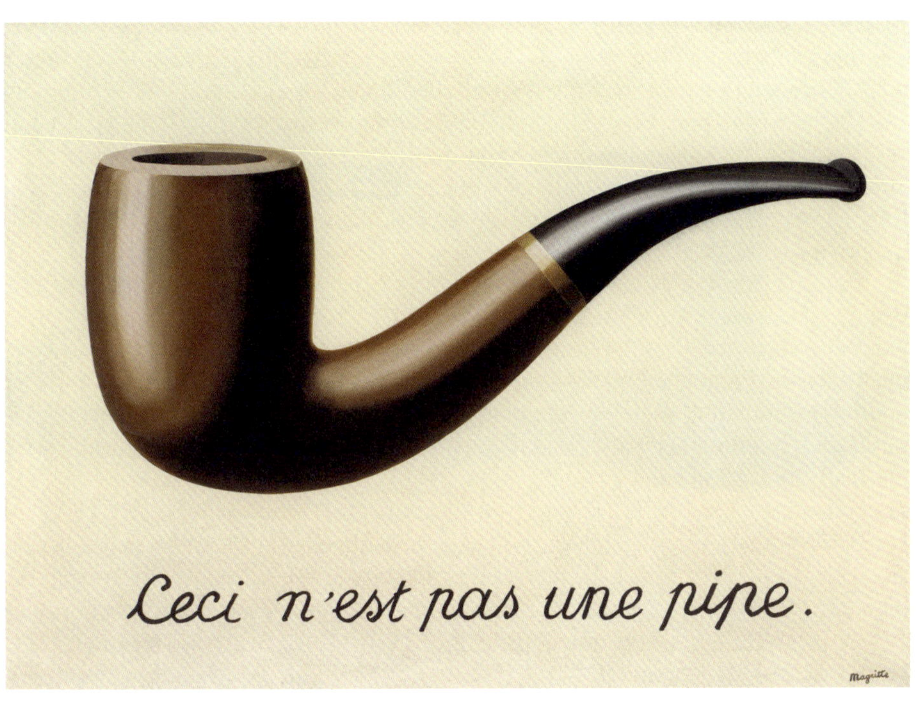

Abb. 5 René Magritte, *La Trahison des images,* 1929
Öl auf Leinwand, 60,3 × 81,1 cm
Los Angeles County Museum of Art

Neben diesen Überlegungen drängt sich die Frage auf, warum Broodthaers ausgerechnet die Figur des Adlers als Ausgangspunkt seiner Reflexion der Institution Museum wählt. Auch in den Grafikeditionen kommt das Motiv häufig vor. Es ist auf *Avis. Six Lettres ouvertes* (Kat. 7), *Lettre ouverte* (*Offener Brief,* Kat. 14), *Correspondance – Briefwechsel* (Kat. 13) und *Atlas* (Kat. 25), aber auch auf der Rückseite des Umschlags von *Musée d'Art Moderne à vendre – pour cause de faillite* (*Museum für Moderne Kunst zu verkaufen – wegen Bankrotts,* Kat. 5) sowie auf den Goldbarren des Werks *Museum – Museum* (Kat. 9) zu entdecken. Eine Erklärung können mit dem Motiv verknüpfte Assoziationen liefern. So wurde der Adler gerade im 19. Jahrhundert häufig im Kontext staatlicher oder militärischer Macht sich neu gründender Nationen verwendet. Diese Staatsgründungen zogen wiederum Einrichtungen nationaler Institutionen nach sich, zu denen unter anderem auch Museen zählen.[78] Im Kontext der Ausstellung *Der Adler vom Oligozän bis heute* enthebt Broodthaers schliesslich die Figur der mit ihr verbundenen Macht. Bereits Michael Oppitz bemerkt im zweiten Band des zugehörigen Ausstellungskatalogs: «Eine merkwürdige Doppelwirkung: indem Broodthaers keinem der Exponate die Unterjochung unter seine Gesamtabsicht erspart, streicht er ihren mythischen Mehrwert ab. Er befreit die Objekte Adler von ihrer herkömmlichen Überdeterminiertheit gerade dadurch, daß er sie neu einsetzt, als gleichrangige Werkzeuge seines Versuchs.»[79] Durch die Überpräsenz und das gemeinsame Ausstellen kulturhistorischer Objekte mit popkulturellen Comics lässt Broodthaers den Adler nicht mehr in seiner Verbindung zur Macht erscheinen. Übertragen auf das Museum wirft er damit einen kritischen Blick auf die Institution und hinterfragt die Macht, die von ihr ausgeht. So tragen Museen mit ihrer Sammlungspolitik zur Konstitution eines kunsthistorischen Kanons bei und verleihen einigen Werken kulturhistorischen Wert, während sie andere davon ausschliessen.

Bei Broodthaers' *Musée d'Art Moderne, Département des Aigles*, das eng mit Grafikeditionen wie *Musée – Museum* oder *Avis. Six Lettres ouvertes* verbunden ist, handelt es sich um verschiedene Inszenierungen zum Thema Museum, die heute noch aktuelle Fragen aufwerfen – zur Rolle der Museen in der Gesellschaft sowie zu den institutionellen, sozialen und ökonomischen Rahmenbedingungen von Kunst. Mit seinen Sektionen schafft Broodthaers eine Reflexionsebene, die es ermöglicht, die Institution eingehend zu analysieren. Sein Museum zeigt die Paratexte des realen Museums – die Strukturen im Hintergrund, die Einfluss auf die Rezeption haben.[80] Der Künstler entwirft dafür eine administrative Ästhetik, die sich durch alle zugehörigen Arbeiten zieht. Er nutzt verschiedene Mittel, um seine Fragen und Gedanken nach aussen zu kommunizieren und ein Nachdenken anzuregen. Bereits Julian Jason Haladyn weist darauf hin, dass Broodthaers die Antworten bewusst offenlässt und somit sein Publikum involviert.[81] Dadurch aktualisiert sich sein fiktives Museum immer wieder neu. Das Museum ist nicht mehr nur ein Ort der Wahrnehmung, der Analyse sowie des Studiums von Kunst, sondern auch ein Ort der kritischen Hinterfragung der Realität. 1972 beschliesst Broodthaers sein Projekt mit dem *Musée d'Art Ancien, Galerie du XXe Siècle (Museum für Alte Meister, Galerie des 20. Jahrhunderts)* auf der *documenta 5*.[82] Der Künstler beschreibt das Ende seines Museums wie folgt:

> « Dieses Museum, 1968 unter dem Druck der politischen Erkenntnisse dieser Zeit gegründet, schloss seine Türen anlässlich der ‹documenta 5› in Kassel. Es wird dann das Statut eines heroischen und einmaligen Phänomens für das einer fast offiziellen Entwicklung eingetauscht haben. Es ist also logisch, dass es jetzt in der Langeweile einrostet. Das ist natürlich ein romantischer Standpunkt, aber was kann ich dafür?»[83]

Eng mit dem Ende des Museums verbunden sind Broodthaers' Reflexionen über die Verbindung von Kunst und Kommerzialität, die sich in seiner Auseinandersetzung mit dem Kunstmarkt äussern.

Der Kunstmarkt

«Auch ich habe mir die Frage gestellt, ob ich nicht etwas verkaufen und Erfolg haben könnte im Leben.»[84] Diesen Satz druckt Broodthaers 1964 auf die Einladung seiner ersten Ausstellung als bildender Künstler in der Brüsseler Galerie Saint-Laurent. Die mit einem Augenzwinkern zu verstehende Aussage verknüpft Erfolg mit monetärem Wert.[85] Broodthaers selbst ist zeitlebens bei keiner Galerie unter Vertrag und verkauft nur wenige Werke, was eine häufig prekäre finanzielle Lage zur Folge hat.[86] Vor diesem Hintergrund lässt sich die Frage stellen, ob Kunst nur dann erfolgreich ist, wenn sie über den Kunstmarkt erworben wird. Und welchen Einfluss hat der Markt wiederum auf den künstlerischen Prozess? Schliesslich ist es für Kunstschaffende, die ihren Lebensunterhalt damit bestreiten, von zentraler Bedeutung, dass sie ihre Werke veräussern können. Doch was macht den Preis eines Kunstwerks aus? Warum sind manche Werke um ein Vielfaches mehr «wert» als andere? Und wer entscheidet darüber? Im Folgenden werden Broodthaers' Grafikeditionen, die sich dezidiert mit dem Thema Verkauf auseinandersetzen, unter zwei Aspekten betrachtet: Welche Rolle spielen Kunstschaffende bei Wertfragen? Und welche Rolle spielt das Museum?

In seinem zweiteiligen Siebdruck mit dem Titel *Gedicht – Poem – Poème / Change – Exchange – Wechsel* (Kat. 16) reiht Broodthaers auf dem linken Blatt seine druckgrafisch reproduzierte Signatur in Blöcken auf. Unter jedem Absatz wird die Anzahl der sich darüber befindenden Monogramme vermerkt. Das rechte Blatt ist hingegen in zwei Abschnitte gegliedert. Im oberen Bereich wird die Signatur in drei Spalten vielfach wiedergegeben, ohne dass dabei eine Anzahl angegeben wird. Unten bringt der Künstler das Monogramm «M. B.» mit den Währungen Deutsche Mark, Französischer Franc, Pounds und Dollar in Verbindung. Durch dieses zweite Blatt wird die Verknüpfung von Kunst und Geld offensichtlich, wobei die Signatur als Stellvertreterin für Kunstwerke fungiert. In der Übertragung in einen Geldwert fragt Broodthaers also nach der Vergleichbarkeit von ökonomischen und ästhetischen Werten.[87] Er lenkt dabei den Blick auf die Signatur, die den gesamten Bildraum ausfüllt, und stellt zur Diskussion, ob sie allein den monetären Wert erzeugt.[88] Dadurch problematisiert er die Konstruiertheit, Willkür und Subjektivität von Wertzuschreibungen und führt diese ad absurdum, indem seine Umrechnungsformel vom künstlerischen Erzeugnis, dem «Gedicht», zum monetären «Wechsel» unklar bleibt.

In Anbetracht dieser Überlegungen stellt sich die Frage, wie Broodthaers mit dem Verkauf eigener Werke umgeht. Ein Beispiel dafür ist der grossformatige Offsetdruck *Tractatus Logico-Catalogicus* (Kat. 6), der die Präsentation seiner Werke in einer Galerie thematisiert. Für die Grafikedition verwendet er die farblich ins Negative gekehrten Druckvorlagen seines Katalogs der Ausstellung 1972 in der Brüsseler Galerie MTL. Dieser wiederum bezieht sich auf eine zwei Jahre zuvor in denselben Räumlichkeiten durchgeführte Präsentation seiner Werke. Damit stellt *Tractatus Logico-Catalogicus* ein Gefüge von Bezugnahmen her und löst den durch den Titel der Druckgrafik markierten Anspruch eines Katalogs, zu verzeichnen und zu vermitteln, nur bedingt ein.[89] Der Titel wiederum ist eine Referenz auf Ludwig Wittgensteins *Tractatus Logico-Philosophicus* (1921), wobei Broodthaers dessen «Philosophicus» durch «Catalogicus» ersetzt. Er parodiert mit seiner willkürlich erscheinenden Gliederung Wittgensteins Wiedergabe des Inhalts in Punkten und Unterpunkten.[90]

Neben dem Titel, dessen Versprechen der Katalogisierung im Werk demnach nicht eingelöst wird, ist es der Verweis auf die zwei Jahre zuvor stattfindende Ausstellung, die den Katalog nicht funktionieren lässt: Die Ausstellung, die 1972 in der Galerie MTL stattfindet, zeigt einzig den Offsetdruck *Tractatus Logico-Catalogicus*, wobei dieser wiederum auf die frühere Präsentation in denselben Räumlichkeiten rekurriert.[91] Doch was gibt es zu erwerben, wenn das einzige Objekt einen Katalog einer Ausstellung von vor zwei Jahren zitiert und die darin erwähnten Werke in der Gegenwart abwesend sind?

Es zeigt sich, dass Broodthaers die Rolle der Kunstschaffenden in Bezug auf den Kunstmarkt auf verschiedene Weise hinterfragt. Es geht ihm nicht nur darum, zu problematisieren, welche Rolle der Künstlername bei der Generierung von monetärem Wert spielt, sondern auch darum, den kommerziellen Hintergedanken des künstlerischen Prozesses zu reflektieren. Er beschreibt die Abhängigkeit von Personen, die gewillt sind, für Kunst zu bezahlen, wie folgt:

> «Sagen wir, daß es sich um einen elitären Club handelt, wenn man unter Elite eine Gruppe von Personen versteht, die ausreichende finanzielle Mittel besitzen. Es ist offensichtlich, daß die Kunst Geld braucht, um funktionieren zu können [...].»[92]

Deutlich wird, dass dieser Widerspruch kaum zu lösen ist: Broodthaers versucht, gegen die Kommerzialisierung anzukämpfen, ist jedoch gleichzeitig abhängig davon, Geld zu verdienen. Sein Umgang mit diesem Gegensatz ist es, seinen Werken eine Struktur einzuschreiben, die die Negation der Situation beinhaltet. So soll ein Werk, das er auf einer Messe präsentiert, aussagen: «Bah, ich bin eben hier, aber das ist nicht meine Schuld».[93]

Auch die Grafikedition *Musée d'Art Moderne à vendre – pour cause de faillite* (Kat. 5) befasst sich mit dem Verkauf von Kunst. Broodthaers macht sie gar zur *Section Financière (Finanzsektion)* seines *Musée d'Art Moderne, Département des Aigles*. Es handelt sich um den Katalog des Kölner Kunstmarkts, den Broodthaers mit einem von ihm gestalteten Umschlag versieht und in einer Auflage von 19 Exemplaren herausgibt. Die Galerie Michael Werner produziert diese Grafikedition und bietet sie während des Kölner Kunstmarkts zum Verkauf an.[94] Auf dem Cover lässt Broodthaers in Majuskeln verlauten, dass sein Museum für Moderne Kunst zu veräussern sei – «wegen Bankrotts». Thurmann-Jajes merkt an dieser Stelle an, dass der Künstler keinen besseren Kontext für die *Section Financière* hätte finden können: Der Messekatalog ist ein perfektes Sinnbild für die Kommerzialisierung von Kunst.[95] Zugleich stellt der Künstler mit dieser Bankrotterklärung seines *Musée d'Art Moderne* die Frage nach der Rentabilität von Museen. Er selbst schreibt in einem Entwurf zum zugehörigen Verkaufsvertrag: «Mein Museum verkaufen? Ja. [...] Auf diese Art und Weise würde das Museum wieder ein der Spekulation überlassenes, künstlerisches Objekt werden wie jedes andere auch.»[96] Daher ist sein Museumsprojekt kein Kunstwerk wie jedes andere, da Broodthaers es aufgrund seiner Unverkäuflichkeit dem Markt entzieht und damit den Versuch darstellt, der Kommerzialisierung von Kunst entgegenzuwirken. Den nun angekündigten Verkauf deutet Susanne König so, dass das Museum, das gegen die Kommerzialisierung kämpft, im kapitalistischen System langfristig nicht überleben kann.[97]

Ein weiteres Projekt schliesst sich der Bankrotterklärung an: Durch Fundraising versucht Broodthaers, das fiktive Museum zu retten. Er setzt dafür einen Vertrag auf, der vorschlägt, Goldbarren für das Doppelte ihres Werts zu verkaufen. Vorgesehen ist, das Gold mit einem Adler als Verweis auf das Museum zu prägen.[98] Auf diese Überlegungen bezieht sich die zweiteilige Druckgrafik *Museum – Museum* (Kat. 9). Auf den beiden Blättern sind jeweils vier Reihen und vier Spalten gleichartiger Goldbarren mit Adleremblem auf schwarzem Grund abgebildet. Unter den Barren stehen auf dem linken Blatt in drei Reihen Namen männlicher Künstler wie Andrea Mantegna, Lucas Cranach oder Magritte, während unter denjenigen auf dem rechten Blatt verschiedene Handelswaren wie Schokolade, Benzin oder Tabak angegeben werden. Die jeweils vierte Reihe beinhaltet vorwiegend kunsthistorische Begriffe wie «Original» oder «Kopie». Über all dem prangt in Majuskeln auf beiden Blättern gross das Wort «Museum». Sowohl Kunstwerke, die durch die Namen der Künstler vertreten sind, als auch Gegenstände des Warentauschs durchlaufen hier den Vorgang der Musealisierung, durch den Werthierarchien aufgehoben werden.[99] Unterscheidungskriterien zwischen Künstlernamen, Handelswaren, Originalen oder Kopien scheint es nicht mehr zu geben.[100] *Museum – Museum* thematisiert demzufolge die Arbitrarität und Subjektivität von Wertzuschreibungen und kritisiert zudem, dass der monetäre Wert über den ästhetischen gestellt wird. Broodthaers fasst das Dilemma wie folgt zusammen:

> «Ich bezweifle tatsächlich, daß es möglich ist, eine seriöse Definition der Kunst zu geben, solange wir die Frage nicht unter einer Konstanten untersuchen, ich meine die Transformation der Kunst in Ware. Dieser Prozeß ist heutzutage bis zu dem Punkt akzelleriert [sic], wo künstlerische und kommerzielle Werte austauschbar sind.»[101]

Ein Problem dieser beschriebenen Entwicklung ist, dass Kunst idealer Gegenstand eines kapitalistischen Warentauschs ist. Künstlerische Objekte haben keinerlei Gebrauchswert, weshalb ihr Tauschwert völlig beliebig ist. Nicht die geleistete Arbeit bestimmt ihren finanziellen Gegenwert, sondern der Kunstbetrieb, in dem das Museum eine entscheidende Rolle einnimmt.[102] Das Museum besetzt eine einflussreiche Position, indem die Institution entscheidet, welche Werke akquiriert werden.[103]

Nicht nur Kunstschaffende agieren also auf dem Kunstmarkt, indem sie ihre Werke verkaufen. Auch Museen treten dort in verschiedenen Rollen auf. Sie entziehen Kunst dem Einfluss des Markts, denn einmal von einem Museum erworben, wird ein Werk im Normalfall nicht wieder veräussert. Gleichzeitig beeinflussen Museen mit ihren Erwerbsentscheidungen nicht nur die Kanonbildung der Kunstgeschichte, sondern erwirken damit auch eine Erhöhung der Werkpreise.[104] Dass Broodthaers dieser Wechselwirkung eine entscheidende Bedeutung beimisst, zeigt sich unter anderem darin, dass er mit der *Section Financière* eine der zwölf Sektionen seines Museums ganz der Interaktion von Kunst und Markt widmet. Dieses Thema ist auch heute, in einer Zeit, in der Kunst als Wertanlage genutzt wird und Objekt finanzieller Spekulation ist, von grosser Aktualität. Broodthaers' Werke reflektieren die Arbitrarität und Subjektivität von Wertzuweisungen, unterwandern Wertsysteme, problematisieren Rentabilitätsfragen von Kunst und Museen und thematisieren nicht zuletzt auch den Verkauf seiner eigenen Arbeiten auf dem zeitgenössischen Kunstmarkt.

Die Besucher:innen

Als Broodthaers 1964 seinen Eintritt in die Welt der bildenden Kunst inszeniert, indem er fünfzig Exemplare seines Gedichtbands *Pense-Bête* in Gips setzt,[105] verknüpft er dies nicht nur mit der bereits erwähnten finanziellen Begründung.[106] Auch beobachtet er das sich dadurch ändernde Verhältnis zu seinem Publikum:

«Man kann hier das Buch unmöglich lesen ohne eine Zerstörung seines plastischen Aspekts. Durch diese konkrete Geste wurde der Betrachter auf das Verbot verwiesen, oder zumindest glaubte ich das. Aber zu meiner Überraschung fiel dessen Reaktion ganz anders aus, als ich erwartet hatte. Noch jeder sah in dem Objekt bisher einen künstlerischen Ausdruck oder aber eine Kuriosität. ‹Schau mal, Bücher in Gips!› Keiner hatte Interesse an dem Text, wollte wissen, ob es sich um das Begräbnis von Prosa oder Poesie, von Traurigkeit oder Freude handelte. Keiner hat sich über das Verbot erregt. Bis dahin lebte ich faktisch isoliert vom Gesichtspunkt der Kommunikation aus, mein Publikum war ein fiktives.»[107] Broodthaers zeigt sich erstaunt über die Reaktionen der Betrachter:innen und bemerkt, dass bildende Kunst damit auch einen kommunikativen Aspekt beinhaltet. Einige seiner Grafikeditionen machen die Rolle der Besucher:innen ersichtlich.

«Mein Film ist ein Bilderrätsel, das man entziffern wollen muss»,[108] sagt der Künstler 1968 über eines seiner wohl komplexesten und zugleich zentralsten Werke, *Le Corbeau et le Renard* (*Der Rabe und der Fuchs*, Kat. 2).[109] Bereits die grundsätzliche Verortung bereitet hier Schwierigkeiten: So ist diese Arbeit, wie Marcadé erwähnt, sowohl Film als auch Buch und Ausstellung,[110] während Thurmann-Jajes darauf hinweist, dass das Werk je nach Kontext als Künstlerbuch, Grafikedition, Filmedition oder Multiple bezeichnet wird.[111] Verschiedene Versionen des Werks erschweren seine eindeutige Zuordnung.[112] Broodthaers selbst verwendet die Benennung «environnement».[113] Betrachtet man das Werk im Vergleich zu den anderen Grafikeditionen, ist auffällig, dass es dreidimensional ist, einer räumlichen Anordnung bedarf, eine zeitliche Komponente innehat und sich darüber hinaus unterschiedlicher Materialien bedient. Als Teil der Werkgruppe der grafischen Editionen ist *Le Corbeau et le Renard* dreiteilig und besteht aus einer Fotoleinwand, die aufgerollt werden kann, einem TV-Modell und einem Film, der wahlweise auf die Leinwand oder das Modell projiziert wird. Der Film zeigt Alltagsgegenstände wie ein Telefon, aber auch Fotografien, auf denen Broodthaers' Frau sowie ihre gemeinsame Tochter zu sehen sind. Zusätzlich sind die Filmaufnahmen hinterlegt mit einem Text, der auch auf die beiden Projektionsflächen gedruckt ist. Hierbei bezieht sich der Künstler, wie der Titel des Werks bereits vermuten lässt, auf Jean de La Fontaines Fabel *Le Corbeau et le Renard* (1668). Dabei handelt es sich nicht um ein wortgetreues Zitat des Ursprungstexts La Fontaines, sondern, wie bereits Rainer Borgemeister detailliert ausführt, um eine Paraphrase Broodthaers'.[114] Der Originaltext der Fabel zeigt sich lediglich bruchstückhaft im schwarzen Rand des TV-Modells. Durch die Projektion des Films, der sowohl Bilder als auch Textbestandteile beinhaltet, auf eine textlich gestaltete Fläche, offenbart sich das von Broodthaers angesprochene Bilderrätsel.[115] In seiner Entschlüsselung wird das Publikum Teil des Werks, was der Künstler wie folgt zum Ausdruck bringt:

> « […] um das umfassende Werk, das ich realisieren wollte, zu sehen und verstehen zu können, genügt es nicht, den Film auf die bedruckte Leinwand zu projizieren, der Zuschauer muss auch den Text besitzen.»[116]

Genau dies erschwert Broodthaers, da er seinem Publikum nie eine vollständige Version der Fabel an die Hand gibt. Dies kann als bewusste Auslassung gesehen werden, die es ermöglicht, mit dem Erinnerungsvermögen der Betrachter:innen zu arbeiten. Der Text La Fontaines ist zu Broodthaers' Lebzeiten tief im kulturellen

Gedächtnis des französischsprachigen Raums verankert.[117] Indem die Imaginationsleistung seines Publikums zum Bestandteil seines Werks wird, lässt er den Ausgang des Rätsels offen.[118]

Auch die zweiteilige Druckgrafik *Les Animaux de la ferme* (*Die Tiere des Bauernhofs*, Kat. 21) bezieht ihre Betrachter:innen ein. Sie ist nicht als Bilderrätsel angelegt, sondern gibt Lehrtafeln aus einer Landwirtschaftsschule wieder.[119] Auf beiden Blättern sind verschiedene Rinderrassen zu sehen: auf dem einen Kühe, auf dem anderen Stiere. Broodthaers wandelt die didaktischen Schautafeln jedoch in einem entscheidenden Punkt ab: Unter jedem Rind steht nicht etwa seine konkrete Bezeichnung, sondern der Name einer Automarke. Auf den ersten Blick ist dieser Eingriff kaum erkennbar. Broodthaers imitiert die Typografie der Lehrtafel in Perfektion. Das Publikum ist damit angehalten, genau hinzusehen, um die spielerische Abwandlung zu entdecken.[120] Ebendiese Kombination aus Didaktik und feiner Ironie ist es laut Dorothea Zwirner, durch die sich Werke Broodthaers' auszeichnen, die sich mit Zeichen- oder Kommunikationsprozessen und damit verbundenen Konventionen befassen. Eine winzige Abänderung oder Einfügung des Künstlers kann einen entscheidenden Bedeutungswandel bewirken.[121] Es zeigt sich eine Parallele zu einer der wohl bekanntesten Inszenierungen des Museums Broodthaers': «Publikum, wie bist Du blind!»,[122] meinte der Künstler, als er auf seine Objektschilder in der Ausstellung *Der Adler von Oligozän bis heute* angesprochen wurde. Sie beinhalteten alle die Aussage «Dies ist kein Kunstwerk».[123] Deutlich wird, dass es sowohl bei den Objektschildern als auch bei den abweichenden Bezeichnungen der Kühe und Stiere darum geht, die Betrachter:innen anzuregen, genau hinzusehen und nicht nur das zu reflektieren, was ihnen präsentiert wird, sondern auch darauf zu achten, unter welchen Bedingungen dies geschieht. Broodthaers versteht das Museum damit als Ort der Lehre und bindet das Publikum ein. Dies zeigt sich auch darin, dass er Meinungen der Besucher:innen und Pressestimmen zur Ausstellung im zweiten Band des zugehörigen Katalogs publiziert. Er selbst schreibt:

> Das Ziel ist, eine kritische Überlegung darüber nahezulegen, wie Kunst in der Öffentlichkeit präsentiert wird.»[124]

Die Reflexion des Dargebotenen bildet auch einen zentralen Bestandteil der Grafikedition *Das Recht* (Kat. 8). Auf der zweiteiligen Druckgrafik ist mehrfach die Aussage «Rauchen verboten» zu erkennen. Dadurch entsteht ein Widerspruch zum Titel des Werks. Dieser ironische Umgang mit dem Verbot spiegelt sich auch in den bildlichen Darstellungen auf den beiden Blättern wider. So rauchen dort beispielsweise Köpfe und Fabrikschornsteine. Gerade das Motiv des Rauchs lässt an die Pfeife denken – und erinnert damit an Magritte, eine der für Broodthaers wohl zentralsten künstlerischen Positionen. Dieser stellt, wie bereits erwähnt, in *La Trahison des images* eine Pfeife dar, die am unteren Bildrand mit folgendem Satz bezeichnet wird: «Dies ist keine Pfeife». Magritte weist damit darauf hin, dass das Objekt nicht identisch ist mit seiner Abbildung, wenngleich für beides als Benennung dasselbe Wort verwendet wird. Er setzt sich dabei mit Ferdinand de Saussures Zeichentheorie auseinander, in der das Lautbild *(signifiant)* von der Vorstellung *(signifié)* unterschieden und in ein arbiträres Verhältnis zueinander gesetzt wird.[125] Übertragen zeigt sich die Semiotik auch in Broodthaers' Werk *Das Recht*, in dem die Aussage «Nicht Rauchen» und die verschiedenen Darstellungen widersprüchlich zueinander sind. Sie stossen damit eine Hinterfragung der Zeichensysteme an. Bereits Friling weist darauf hin, dass sowohl Magritte als auch Broodthaers mit ihrer Vorgehensweise ihr Publikum anregen, etwas Bekanntes zu betrachten und es dennoch wie zum ersten Mal zu sehen.[126]

Vorträge, Diskussionen, Publikumskommentare, aber auch Kunst, die zum Reflektieren anregt und sich nicht auf den ersten Blick erschliesst, sind wichtige Aspekte von Broodthaers' Schaffen und seines Einbezugs des Publikums. Er spielt mit Erinnerungen der Besucher:innen, spricht ihre Vorstellungskraft an und gibt ihnen Rätsel auf. Passiv wahrnehmende Betrachter:innen werden somit aktiv Teil des Museums. Gerade im Zusammenhang mit Werken, die didaktische Formen wie etwa schulische Kontexte aufgreifen, wird seine Betonung des genauen Hinsehens und Hinterfragens deutlich. Vor dem Hintergrund von Zeichentheorien schärft der Künstler den Blick der Besucher:innen – einerseits für die Wahrnehmung von Kunst, andererseits aber auch für die Reflexion ihrer Rahmenbedingungen. Dadurch offenbart sein Schaffen einen grossen Interpretationsspielraum und eine damit verbundene Offenheit. Broodthaers selbst sagt im Kontext seiner Ausstellung *Der Adler vom Oligozän bis heute:* «Diese Ausstellung wurde eher zu einem Vorschlag. Der Besucher ist angesprochen, um ihn aufzugreifen. [...] Es ist genauer gesagt – ein Vorschlag zur Diskussion geworden, und jetzt beunruhigt mich der Gedanke, mein Vorschlag könnte als Stellungnahme aufgefaßt werden.»[127]

«Ich habe es [...] nicht nötig, die Antwort zu geben.»

Es lässt sich zusammenfassen, dass Broodthaers' Auseinandersetzung mit dem Thema Museum am Beispiel der Grafikeditionen verschiedenste Facetten des Kulturbetriebs seiner Zeit beleuchtet. Gleichzeitig bildet sie eine ideale Grundlage für eine Reflexion der gegenwärtigen Situation. So hinterfragt er in Bezug auf die Kunstschaffenden in Werken wie *La Signature Série 1. Tirage illimité* (Kat. 3) die Relevanz der Signatur für die Wertzuschreibung und deren Konstruiertheit, Willkür und Subjektivität, geht aber auch spielerisch mit Fragen der Eitelkeit und Selbstbezogenheit um. Bewusst setzt er sich darüber hinaus mit dem Schaffen anderer in Relation und hebt gewisse Positionen als empfehlenswerte Beispiele hervor. Damit fordert er zugleich eine bewusste Auseinandersetzung mit dem Dargestellten.

Besonders deutlich zeigt sich dies anhand seines fiktiven *Musée d'Art Moderne,* das ihm als Leerform dient, die zur Reflexion der Rahmenbedingungen von Kunst sowie der sie sammelnden und ausstellenden Institution herangezogen wird. Die Offenheit der Interpretation, die sich hierbei manifestiert, ist ein zentrales Anliegen Broodthaers' und ermöglicht eine fortwährende Aktualisierung seines Museums: Die Fragen, die er mit seinen Inszenierungen aufwirft, können immer wieder neu gestellt und vor dem Hintergrund der aktuellen Museumslandschaft interpretiert werden. Indem Broodthaers' Museum Strukturen realer Einrichtungen parodiert, problematisiert es auch den Einfluss, der von ihnen ausgeht – durch die Konstituierung eines kunsthistorischen Kanons und der Arbitrarität.

Mit dem besonderen Augenmerk auf die Verbindung von Kunst und Markt strebt er an, seine Werke der Kommerzialität zu entziehen, indem er den Verkauf von Kunst thematisiert und Arbeiten wie *Tractatus Logico-Catalogicus* (Kat. 6) anfertigt, die die Negation der Verkaufssituation beinhalten und Vorgänge thematisieren, bei denen der monetäre über den ästhetischen Wert gestellt wird. Das Museum nimmt dabei als Bewahrer wie auch als Käufer eine zweiseitige Position ein, was heute immer noch hochaktuell ist.

Die Anschlussfähigkeit seiner Überlegungen zeigt sich auch in Broodthaers' Einbezug von Besucher:innen. In der Kombination von Didaktik und Ironie befasst er sich darüber hinaus mit Zeichen- und Kommunikationsprozessen sowie den damit verbundenen Konventionen. Nicht die Analyse der Werke, sondern der Institution, die sie ausstellt, wird zum Thema seines Schaffens. Das *Musée d'Art Moderne* wird dadurch zum Ort der Lehre des Hinterfragens und Reflektierens, wenngleich eine konkrete Aussage oder Interpretation fehlt.

Anzumerken ist, dass Broodthaers' Museum hier mit der antiken Bedeutung des Begriffs «museion» als Lehrstätte und Ort des Studiums verbunden werden kann.[128] Zieht man in dem Kontext die eingangs erwähnte Aktualisierung der ICOM-Museumsdefinition im Jahr 2022 heran, ist interessant, dass unter den fünf Vorschlägen, die Fachleute aus der ganzen Welt im Vorfeld erarbeiteten, Formulierungen zu finden sind, bei denen das Museum kritisches Denken und Reflexion anregen soll – auch hier ist Broodthaers also noch aktuell.[129] So können – und sollten – wir seine Analyse der Rahmenbedingungen heranziehen – in einer Zeit, in der ökonomische Gründe für Institutionen häufig Entscheidungen beeinflussen, der Fokus oftmals auf temporären Ausstellungen mit Eventcharakter liegt und eine globale, postkolonialistische, feministische und queere Perspektive sowie die fortschreitende Digitalisierung neue Ansprüche an die Institution stellen.[130] Kommen wir vor diesem Hintergrund auf Broodthaers' grundlegende Frage, was «die Rolle dessen, was das künstlerische Leben in einer Gesellschaft repräsentiert – nämlich eines Museums» ist, zurück,[131] so können wir schlussfolgern: Die Rolle des Museums ist es einerseits, das künstlerische Leben in einer Gesellschaft zu repräsentieren. In dieser Position ist es andererseits aber auch die Aufgabe des Museums, Fragen zu stellen und eine kritische Reflexion anzuregen. Broodthaers selbst lässt die Deutung offen:

> Das fiktive Museum versucht das offizielle, wirkliche Museum zu bestehlen, um seiner Lüge mehr Macht und Glaubwürdigkeit zu verleihen. Wichtig ist auch zu erfahren, ob das fiktive Museum ein neues Licht wirft auf die Mechanismen von Kunst, künstlerischem Leben und Gesellschaft. Mit meinem Museum stelle ich die Frage. Ich habe es deshalb nicht nötig, die Antwort zu geben.»[132]

AUSZUG AUS EINEM GESPRÄCH MIT MARCEL BROODTHAERS

Jürgen Harten und Katharina Schmidt

Jürgen Harten

... mit dem Zufall leben, nicht wahr?

→

Marcel Broodthaers

Ja, ihm begegnen, denn er verflüchtigt sich wie nichts! Der Zufall läßt sich nicht abgrenzen, er nicht. Der Zufall ist letztlich die einzige Sache, der einzige Lichtblick, den es bei einer Art Unternehmen wie diesem gibt. Er wirkt befreiend, und gleichzeitig erlaubt er einem mehr oder weniger dahingehend weiterzukommen, daß man sich in ungewohnter Weise dessen bewußt wird, was man in Angriff genommen hat.

Ich werde sie besser sehen, wenn sich das Unternehmen ganz überlebt hat, es ist ja jetzt noch lebendig. Ich mache mir natürlich meine Gedanken zu diesem Thema, aber es liegt noch nicht vollkommen klar, weil das Experiment nicht abgeschlossen ist.

Und wie sehen Sie die Beziehung zwischen Ihrem *Musée d'Art Moderne, Département des Aigles,* das 1968 gegründet wurde und einem traditionellen Museum?

→

Trotzdem hätte ich keine Schwierigkeiten, diese Beziehung einzuordnen. In erster Linie ist sie sehr eng; denn die Erfindung des *Musée d'Art Moderne, Département des Aigles,* die sich zunächst ausdrückte in einem Arrangement von Kisten, von Postkarten und Inschriften, diese Erfindung – ein Haufen Nichts – hatte den Charakter, der im Zusammenhang stand mit den Ereignissen von 1968, d. h. zu einer Art politischer Ereignisse, die alle Länder kannten.

Wie ist das zu verstehen?

→

Man kann es so verstehen, daß eine Bewußtseinsveränderung eintrat, besonders bei der Jugend, die sich unvermeidlich im künstlerischen Bereich wiederholte. Sie ließ die Frage aufleben: Was ist Kunst, welche Rolle spielt der Künstler in der Gesellschaft. Ich trieb die Überlegungen noch ein bißchen weiter, als ich fragte: Welches ist überhaupt die Rolle dessen, was das künstlerische Leben in einer Gesellschaft repräsentiert – nämlich eines Museums? Es handelte sich zunächst darum, eine

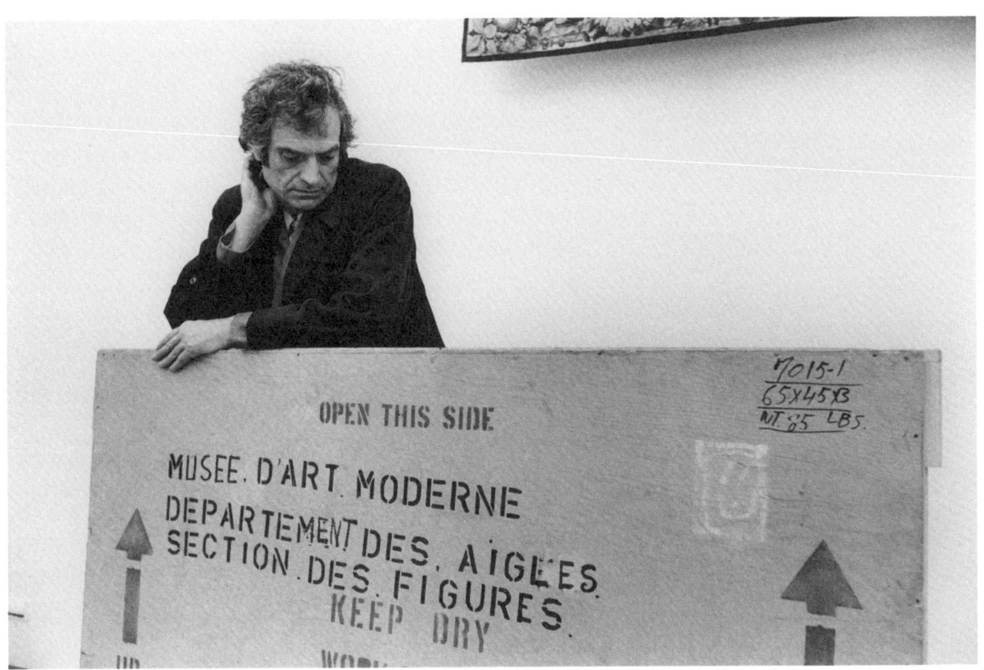

Abb. 6 Angelika Platen, *Marcel Broodthaers, Düsseldorf 1972.* *«Caisse pour DEPARTEMENT DES AIGLES, SECTION DES FIGURES»*, 1972
Silbergelatineabzug auf Barytpapier, 17,8 × 23,9 cm
Kunsthaus Zürich, Fotosammlung, 2023

Bestandsaufnahme der Situation vorzunehmen. Und ich habe an diese Arrangements, von denen ich sprach, gedacht, als einen Ort der Diskussion, des Gedankenaustausches; aber das Unternehmen hat sich schnell weiterentwickelt und losgelöst von diesem unmittelbaren, – der Ausdruck trifft nicht – soziologischen (das stimmt schon eher) Kontext. Sie hat sich davon gelöst, um ein autonomes Leben zu beginnen. Kurz und gut: das klassische Phänomen der Kunst. Man erfindet etwas, wovon man glaubt, es sei eng mit einem tatsächlichen Ereignis verbunden, das sich in der Gesellschaft abspielt, und dann fängt dieses Etwas an, ein Eigenleben zu führen, sich zu entwickeln und seine eigenen Zellen zu produzieren. Eine Art Biologie wird von dem Moment an in der Kunst ausgelöst, die übrigens für den Künstler ungemein schwer zu kontrollieren ist. Meiner Ansicht nach überwacht er den Prozeß nur über einen bestimmten Zeitraum in einer sehr allgemeinen Weise. Nachher entgleitet er ihm. Die Ideen beginnen sich genau wie ein lebendiger Zellkörper zu entwickeln.

Die Seite Fiktion, d. h. das Fiktive hat sich in ganz besonderer Weise abgelöst von dem Unternehmen, das Musée d'Art Moderne, Département des Aigles, hieß. Die irreale Seite und das Arrangement, das zunächst nur eine einfache Dekoration war, hat sich nach und nach für mich und die Leute, die in meiner Privatsphäre lebten, institutionalisiert. Dieses Museum wurde Wirklichkeit für meinen Brüsseler Bekanntenkreis – Freunde, Leute, die mit Kunst zu tun hatten, schließlich für Leute, die aus dem Ausland kamen, weil sie davon gehört hatten und besichtigen wollten. Ein ganz neues System von Beziehungen begann, um dieses Musée d'Art Moderne, Département des Aigles, zu keimen, mit seinem trotz allem flüchtigen Charakter. Das Arrangement verlor die Bedeutung von Dekoration, wurde Symbol für ein fiktives Museum, d. h. die Postkarten erhielten gerade durch ihre Beziehung zu dieser speziellen Situation einen symbolischen Wert.

Die Frage, die sich stellt, ihm Zusammenhang mit dem, was uns jetzt beschäftigt, den Adlern, die aus anderen Museen kommen: eine Art Zufall mischt da mit! Ich sprach von einer Fiktion, die auf der Basis des Symbolismus von Kisten und der Repräsentation des Blickwinkels durch Postkarten beruhte. Nun rede ich von Fiktion im Zusammenhang mit Adlern, die ich unter demselben Etikett «Musée d'Art Moderne, Département des Aigles», ausstelle. Was passiert? Es stellt sich heraus, daß der Adler selbst letztlich und ursprünglich eine Fiktion ist… eine Fiktion, deren soziologische und politische Inhalte immer schwerer verständlich werden, je weiter man sie historisch zurückverfolgt. Wie will man sich vollständig die Geburt des Symbols und des Mythos Adler erklären, ohne alle archäologischen Kenntnisse, die wir vom Thema haben? Ich glaube, durch die Ausstellung wird transparent werden, daß der Adler und seine Darstellung selbst eine Fiktion sind. Zwei Fiktionen werden aufeinandertreffen. Das muß provozieren. Es macht die Realität der Ausstellung aus, daß wir schließlich durch das Aufeinandertreffen von Fiktion, ein stärkeres Bewußtsein der Wirklichkeit erlangen; aber die Wirklichkeit eines Gedankens, versteht sich.

Es handelt sich schließlich um eine Beziehung zu einem veränderten Bewußtsein und den Gegenständen, die tatsächlich existieren. Betrachtet man die Gegenstände mit verändertem Bewußtsein, scheinen sie ihren Charakter zu ändern, aber als Gegenstände existieren sie unabhängig davon. Es waren beispielsweise sumerische, mittelalterliche Objekte, die im Rahmen eines Museums gesammelt standen. Dieser Rahmen änderte aber seine soziologische Bedeutung, und ich glaube, daß man nun durch Ihre Methode – die «Methode Fiktion» – diesen Prozeß bewußt erfährt.

↘

Sie sprechen von Methode. Ich würde mich vielleicht lieber stützen auf die Situation, die ich geschaffen habe. Eher von dieser «Situation einer

Fiktion» kommt der Impuls zur Veränderung, der vielleicht auch wirksam wird beim Betrachten der Adlerausstellung. Durch das Schaffen einer Situation, nicht so sehr durch die Methode.

Will sagen: Sie warten noch ab, wie die Ausstellung sich darbieten wird.

↘

Aber ja. Ich bin ganz und gar nicht sicher, was dabei herauskommt. Trotzdem habe ich behauptet, daß eine Fiktion auf eine andere treffen wird. Das ist zunächst noch eine Vorstellung.

Katharina Schmidt

Auf jeden Fall verstehen Sie die Ausstellung aber als einen Ort der Diskussion wie damals, als Sie das *Musée d'Art Moderne, Département des Aigles,* gründeten?

→

Ja, aber eine Diskussion, die einen ganz anderen Charakter hat; in dem Sinne, daß die Debatte sich jetzt nicht frei entfachen kann.

Diese Ausstellung wurde eher zu einem Vorschlag. Der Besucher ist angesprochen, um ihn aufzugreifen. Er nimmt nicht direkt daran teil, das stimmt mit der Vorstellung einer Diskussion nicht überein, oder? Da beteiligt sich jeder, greift ein, bringt seine Argumente vor. Es ist genauer gesagt – ein Vorschlag zur Diskussion geworden, und jetzt beunruhigt mich der Gedanke, mein Vorschlag könnte als Stellungnahme aufgefaßt werden.

Jürgen Harten und Katharina Schmidt, «Auszug aus einem Gespräch mit Marcel Broodthaers [1972]», in: *Marcel Broodthaers. Interviews & Dialoge 1946–1976,* herausgegeben, zusammengestellt und gestaltet von Wilfried Dickhoff, Köln 1994 (Kunst heute 12), S. 97–100.

Die Rechtschreibung wurde übernommen.

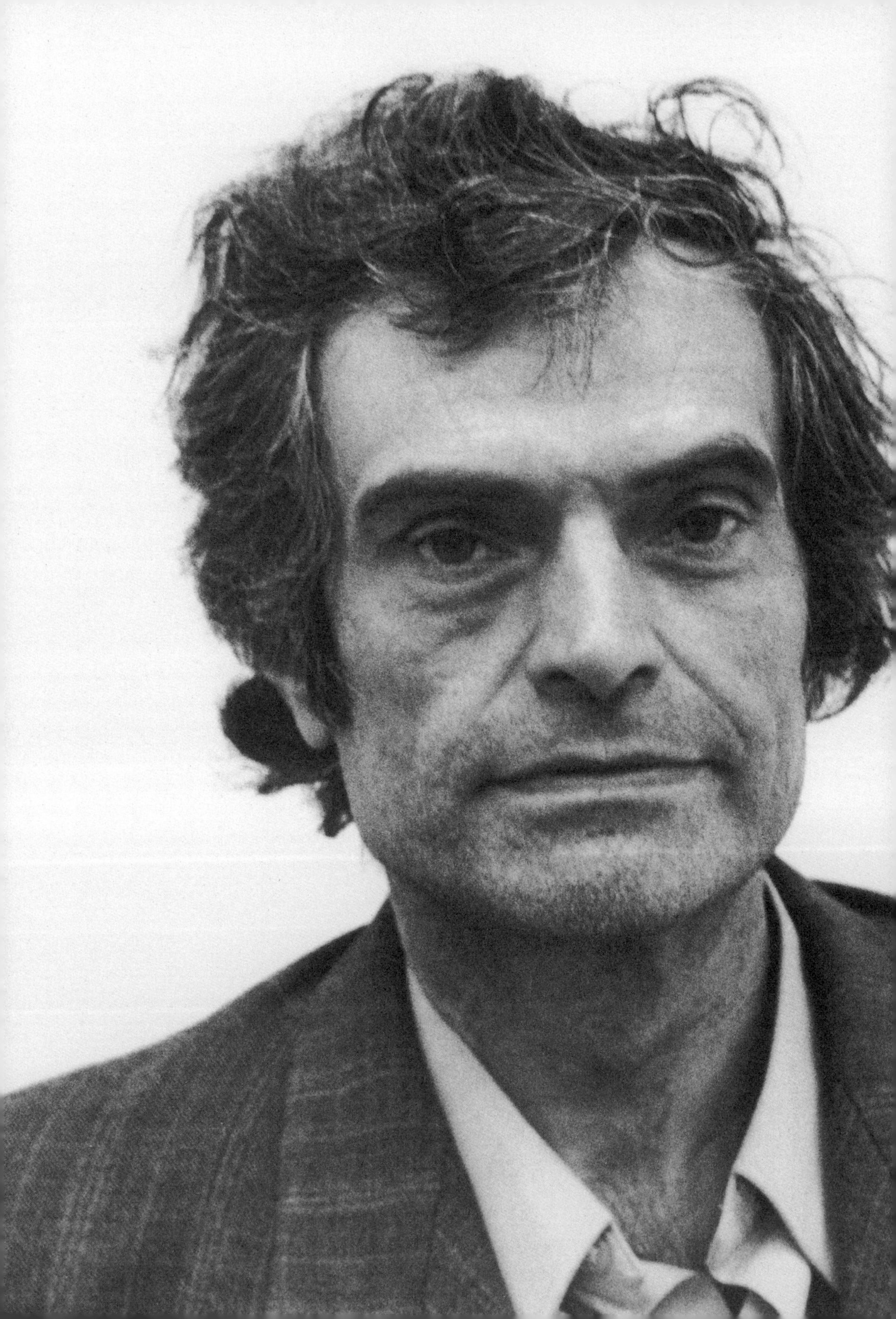

KATALOG
MIT TEXTEN VON SIMONE GEHR

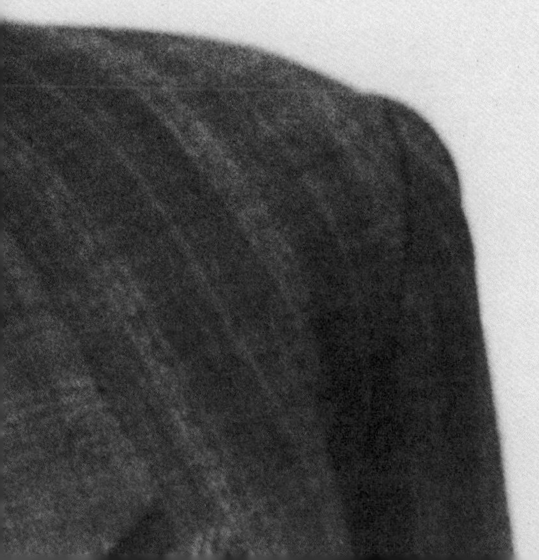

Abb. 7 Angelika Platen, *Marcel Broodthaers, Düsseldorf 1972*, 1972
Silbergelatineabzug auf Barytpapier
Privatbesitz

LA FAUTE D'ORTHOGRAPHE (MEA CULPA), 1964

In der frühesten Grafikedition setzt Broodthaers sich mit der komplizierten Schreibweise seines Namens auseinander: *La Faute d'orthographe (Mea Culpa)* (*Der Rechtschreibfehler [Mea Culpa]*) weist eine reduziert gestaltete Bildfläche auf. Mit Offsetdruck sind nur wenige Informationen in Schwarz auf das weisse Papier gedruckt. Unten ein Bestellbogen für Lithografien, auf dem Broodthaers einen Schreibfehler in seinem Namen identifiziert. Er nimmt eine Korrektur vor, indem er mithilfe eines Pfeils auf die fälschliche Schreibweise «Broodhaers» hinweist und daneben handschriftlich – aber gedruckt – «Broodthaers Marcel» vermerkt. Das fehlende «t» wird oben links überdimensioniert hervorgehoben. Der Fehler im Bestellbogen spiegelt die Unsicherheit im Umgang mit Broodthaers' Namen zu einem Zeitpunkt wider, als sein Bekanntheitsgrad noch vergleichsweise gering ist.[133] Signiert ist das Blatt nicht, wie meist üblich, mit den Initialen «M. B.», sondern unten rechts mit «M. Broodthaers». Die Wiederholung des Nachnamens verdeutlicht die vorgenommene Korrektur zusätzlich.

Neben der Betonung der richtigen Schreibweise streicht Broodthaers auf dem Bestellbogen die Namen der anderen Kunstschaffenden, die angegeben sind. Er kommt damit der Aufforderung des Formulars nach, auf dem unten rechts steht: «Unzutreffendes streichen». Damit zentriert er alle Aufmerksamkeit auf seinen nun korrekt geschriebenen Namen. Betrachtet man dies im Kontext der neben der Signatur mit Bleistift beigefügten Ergänzung «Meine Schuld», stellt sich die Frage, worum es geht: Ist es die Schuld am Schreibfehler, nach der hier gefragt wird? Oder geht es vielmehr um ein Schuldgefühl, das mit dem Ausstreichen der anderen Namen und damit der Zentrierung des Interesses auf sich und seinen, nun korrekt geschriebenen, Namen verbunden wird?

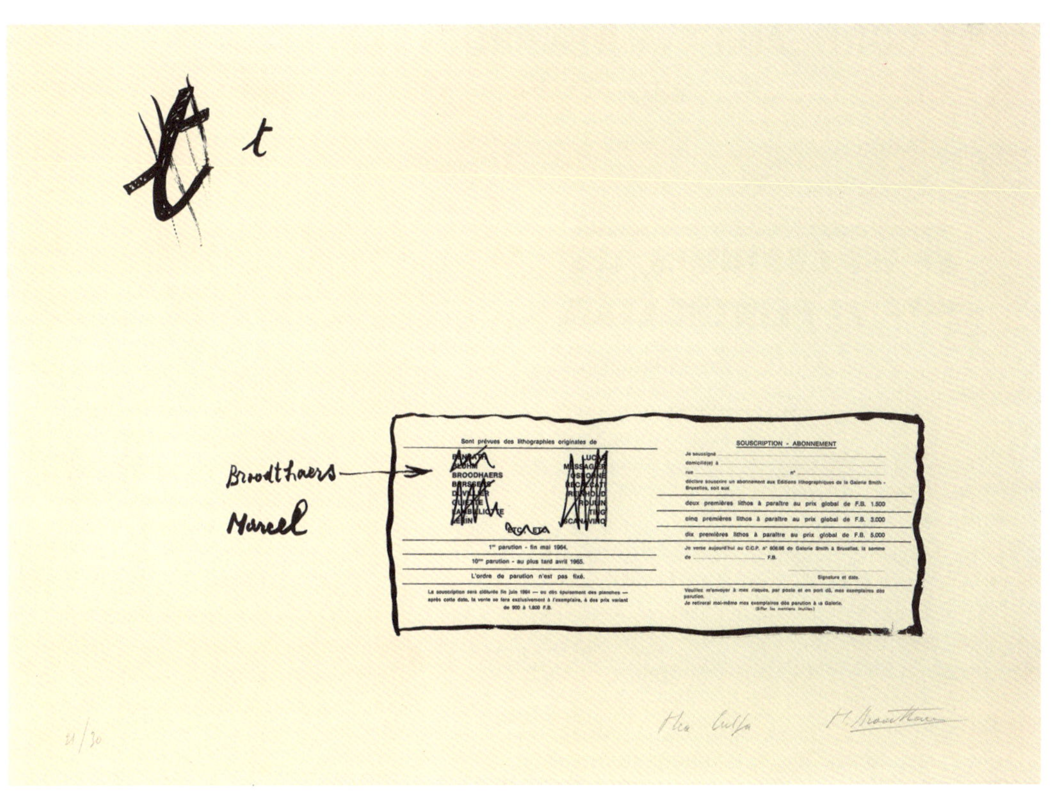

Kat. 1 Marcel Broodthaers, *La Faute d'orthographe (Mea Culpa)*, 1964
Offsetdruck in Schwarz auf Papier, Blattmass: 44,9 × 60,9 cm
Kunsthaus Zürich, Grafische Sammlung, Geschenk des Migros-Genossenschaftsbunds, 1982, Inv. Gr.1982/0023

LE CORBEAU ET LE RENARD, 1967

Auffällig ist, dass mit *Le Corbeau et le Renard (Der Rabe und der Fuchs)* ein Werk zur Gruppe der Grafikeditionen gezählt wird, das sich in Bezug auf seine Materialität, Dreidimensionalität und zeitliche Komponente von den anderen Arbeiten absetzt. Nicht nur die Komplexität des mehrteiligen Werks erschwert eine eindeutige Einordnung.[134] Auch existieren andere Ausführungen der Arbeit. Die Variante in der Grafischen Sammlung des Kunsthauses ist dreiteilig und besteht aus einem TV-Modell, einer Fotoleinwand, die aufgerollt werden kann, und einem Film, der wahlweise auf eine der beiden anderen Werkkomponenten projiziert wird.[135] Beide Projektionsflächen, Fotoleinwand und TV-Modell, sind mit schwarzen Majuskeln auf weissem Grund bedruckt. Dabei handelt es sich um Textfragmente einer Abwandlung der Fabel *Le Corbeau et le Renard* (1668) Jean de La Fontaines. Der Ursprungstext zeigt sich ausschnitthaft auf dem schwarzen Rand des TV-Modells, wo dieser in handschriftlicher Manier wiedergegeben wird. Der Film selbst greift die textliche Komponente ebenfalls auf, indem hier Alltagsgegenstände und Personen vor der Paraphrase Broodthaers' gezeigt werden. In der Projektion auf eine der beiden bedruckten Flächen überlagern Bild und Text des Films den Text der Projektionsfläche. Broodthaers bezeichnet das Werk deshalb als «rébus» («Bilderrätsel»),[136] der Wort und Bild miteinander verbindet.[137] Hier zeigt sich besonders deutlich die poetische Komponente, die immer Teil seines bildkünstlerischen Schaffens bleibt.

Das Bilderrätsel entsteht aus der Tatsache, dass der Text La Fontaines aus zweierlei Gründen nicht vollständig verfügbar ist: Einerseits ist die Fabel abgewandelt, andererseits wird auch dieser neue Text nur bruchstückhaft dargeboten. Weder Wort noch Bild sind eindeutig verfügbar: «Ich habe den Text von La Fontaine genommen und ich habe ihn in das umgesetzt, was ich eine persönliche Schrift (Dichtung) nenne, in das Objekt (die Plastik) und das Bild (den Film). Die große Schwierigkeit besteht offensichtlich in der Harmonie zwischen diesen Elementen. Vor den Druck dieses Textes habe ich alltägliche Dinge gestellt (Stiefel, Telephon, Milchflasche), deren Bestimmung darin besteht, in eine engere Beziehung zu den gedruckten Buchstaben zu treten. Es ist ein Versuch, den Sinn des Wortes ebenso wie den des Bildes soweit möglich zu verneinen.»[138]

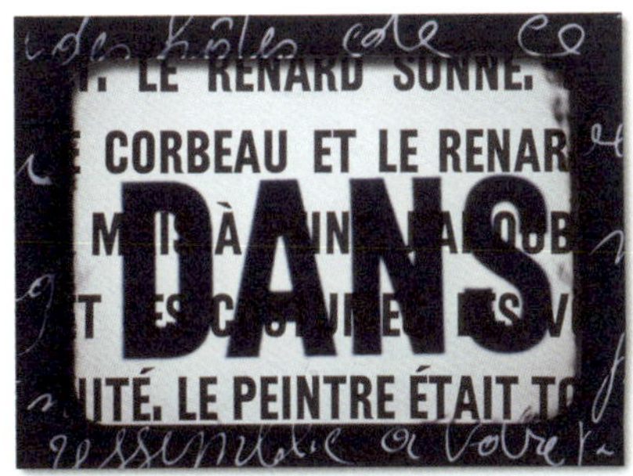

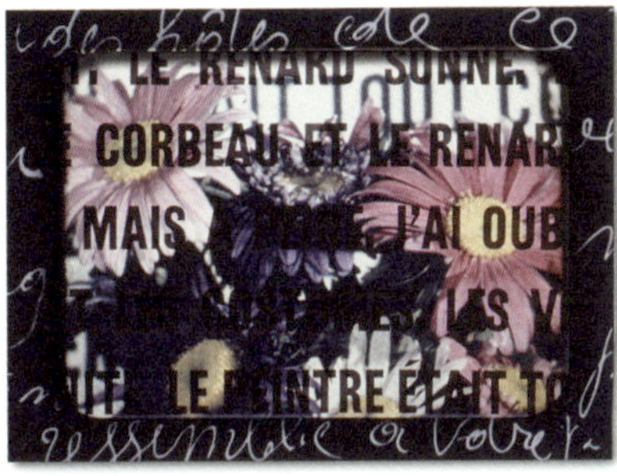

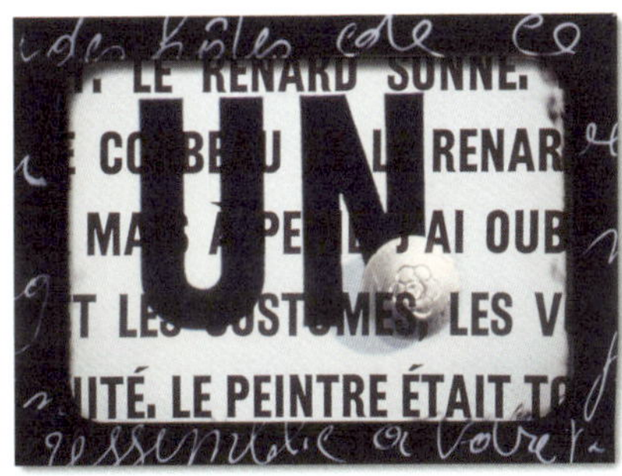

Jean de La Fontaine,
Le Corbeau et le Renard (1668)

Maître Corbeau, sur un arbre perché,
Tenait en son bec un fromage.
Maître Renard, par l'odeur alléché,
Lui tint à peu près ce langage:
«Et bonjour, Monsieur du Corbeau.
Que vous êtes joli! que vous me semblez beau!
Sans mentir, si votre ramage
Se rapporte à votre plumage,
Vous êtes le Phénix des hôtes de ces bois.»
À ces mots, le corbeau ne se sent pas de joie;
Et pour montrer sa belle voix,
Il ouvre un large bec, laisse tomber sa proie.
Le renard s'en saisit, et dit: «Mon bon Monsieur,
Apprenez que tout flatteur
Vit aux dépens de celui qui l'écoute.
Cette leçon vaut bien un fromage, sans doute.»
Le corbeau honteux et confus
Jura, mais un peu tard, qu'on ne l'y prendrait plus.

Jean de La Fontaine,
Der Rabe und der Fuchs (1668)

Meister Rabe, auf einem Baume hockend,
hielt im Schnabel einen Käse.
Meister Fuchs, vom Geruch angelockt,
hielt ihm in etwa diese Rede:
«Ei, guten Morgen, Herr von Rabe!
Wie seid Ihr hübsch! Wie schön erscheint Ihr mir!
Ganz ehrlich! Wenn Euer Gesang
mit Eurem Gefieder in Einklang steht,
seid Ihr der Phönix unter den Bewohnern dieses Waldes.»
Bei diesen Worten kann der Rabe sich vor Freude
nicht mehr halten.
Und um seine schöne Stimme vorzuführen,
reißt er den Schnabel weit auf, lässt seine Beute fallen.
Der Fuchs schnappt sie sich und spricht:
«Mein guter Herr,
merkt Euch, dass jeder Schmeichler
auf Kosten dessen lebt, der auf ihn hört.
Diese Lehre ist ohne Zweifel einen Käse wert.»
Voll Scham und ganz verwirrt schwor der Rabe,
wenngleich ein wenig spät, man werde ihn
auf diese Weise nicht mehr hereinlegen.[139]

Kat. 2 Marcel Broodthaers, *Le Corbeau et le Renard,* 1967
Installation, bestehend aus einem Projektionsschirm (TV-Modell), einer Fotoleinwand und einem 16mm-Film (Farbe, ohne Ton), 61 × 81 × 4,5 cm (Projektionsschirm), 89 × 125 × 2 cm (Leinwand), Dauer: 7'0"
Kunsthaus Zürich, Grafische Sammlung, Geschenk des Migros-Genossenschaftsbunds, 1982, Inv. Gr.1982/0024-0026

LA SIGNATURE SÉRIE 1. TIRAGE ILLIMITÉ, 1969

La Signature Série 1. Tirage illimité (Die Signatur 1. Serie. Unbegrenzte Auflage) zeigt in 13 Reihen die stete druckgrafische Wiederholung der Signatur Broodthaers'. Die oberen acht Reihen sind relativ gleichmässig mit jeweils der elfmaligen Nennung des Monogramms angeordnet. Im unteren Teil löst sich diese Struktur langsam auf. So folgt eine Reihe mit 12, dann drei mit 13 und schliesslich eine mit 14 Signaturen. Sie alle sind mit schwarzem Siebdruck auf das transparente Papier gebracht. Unten ist das Blatt mittig mit dem Titel in Rot versehen. Das Monogramm des Künstlers wird zum einzigen Bildinhalt und füllt das gesamte Querformat aus. Wie Cathleen Chaffee anmerkt, ist die Signatur, das eigentlich singuläre Zeichen der Vollendung eines Werks, hier ein fast dekorativ anmutendes Muster, das den gesamten verfügbaren Raum für sich beansprucht.[140] «Die Schrift des Künstlers ergänzt oder ersetzt seine Bilder»,[141] schreibt Broodthaers vier Jahre später. Betrachtet man diese Aussage im Kontext des Siebdrucks, kann man fragen, ob die Kunstschaffenden der wichtigste Bestandteil eines Werks sind. Macht die Signatur des Künstlers ein beliebiges Blatt zu einem Kunstwerk?[142]

Doch nicht nur der Signatur begegnet Broodthaers in *La Signature Série 1. Tirage illimité* skeptisch: In den 1960er- und 1970er-Jahren wächst laut Dirk Snauwaert bei einigen Künstler:innen das Bestreben, die mit Kunst verbundenen Qualitäten von Exklusivität und Rarität aufzubrechen.[143] Broodthaers positioniert sich skeptisch gegenüber diesen Überlegungen. Dies zeigt sich Manuel Borja-Villel zufolge daran, dass er für Werke, die potenziell in einer grossen oder gar unlimitierten Auflage hätten erscheinen können, Editionen mit nur wenigen Exemplaren vorgibt.[144]

In *La Signature Série 1. Tirage illimité* wird Broodthaers' humorvoller Umgang mit der Frage der Limitierung deutlich: Der Künstler bezeichnet das Blatt zwar als «unbegrenzte Auflage», lässt dann jedoch nur sechzig Stück erscheinen.[145] Auf dem Siebdruck gibt er in diesem Fall Exemplarnummer und Auflagenstärke nicht an, um den Schein der unlimitierten Auflage, auf die der Titel hinweist, aufrechtzuerhalten. Er spielt mit der Frage der Zugänglichkeit von Kunst. Soll sie ein Massenphänomen sein, oder gehört die begrenzte Verfügbarkeit zum Werk?

Kat. 3

Marcel Broodthaers, *La Signature Série 1. Tirage illimité,* 1969
Siebdruck in Schwarz und Rot auf Transparentpapier, Blattmass: 54,9 × 74,6 cm
Kunsthaus Zürich, Grafische Sammlung, Geschenk des Migros-Genossenschaftsbunds, 1982,
Inv. Gr.1982/0027

M. B., 24 IMAGES/SECONDE, 1970

Aufgrund des verwendeten Materials handelt es sich bei *M. B., 24 Images/Seconde (M. B., 24 Bilder/Sekunde)* um einen Sonderfall innerhalb der Grafikeditionen. Broodthaers fixiert einen schwarz-weissen Filmstreifen mittig um einen weissen Karton, indem die Enden des Films auf der Rückseite aneinander befestigt sind. Auf der Vorderseite vermerkt er rechts des Filmstreifens neben dessen 24 Einzelbildern mit Bleistift die Zahlen 1 bis 24. Dies ist ein Verweis auf den Film selbst, der in insgesamt 24 Stadien das handschriftliche Entstehen der Initialen «M. B.» zeigt. Diese Anzahl wird deshalb betont, weil 24 Einzelaufnahmen pro Sekunde notwendig sind, damit das menschliche Auge die Handlung beim Abspielen als Bewegtbild wahrnehmen kann.[146] Broodthaers notiert deshalb mit Bleistift auf dem Karton: «24 images par seconde».

Die Signatur wird hier, wie auch in den anderen Werken, die die Anfertigung des Monogramms im Film thematisieren, zum zentralen Bildinhalt. So existiert neben der Grafikedition *M. B., 24 Images/Seconde* mit *Une seconde d'éternité (D'après une idée de Charles Baudelaire)* (1970) auch der Film selbst als Werk. Zudem behandeln zwei der sogenannten *Plaques*, von Broodthaers gestaltete, industriell gefertigte Schilder, das vierundzwanzigste Filmbild.[147] All diese Werke haben gemeinsam, dass es nicht die echte Handschrift des Künstlers ist, die das Monogramm anfertigt, sondern dass es sich bei allen Umsetzungen um die Dokumentation dieses Vorgangs handelt. Die Illusion der handschriftlichen Signatur wird zerstört. Gerade *M. B., 24 Images/Seconde* ermöglicht es, das Entstehen des Monogramms Bild für Bild zu rekonstruieren.[148] Gleichzeitig bleibt die schreibende Person unsichtbar. Wie von Geisterhand schreitet das Entstehen der Signatur voran, nur um dann zu verschwinden – und von Neuem zu entstehen. Da der Film im Loop abgespielt wird beziehungsweise der Filmstreifen in *M. B., 24 Images/Seconde* in einer Endlosschleife um den Karton montiert ist, erscheint das Monogramm als Verweis auf den Künstler immer wieder erneut.[149] Durch diesen steten Wechsel von An- und Abwesenheit hinterfragt Broodthaers gemäss Friling die Fixierung des Kunstmarktes auf die Signatur als Garant für Authentizität und die damit verbundenen Wertzuschreibungen. Zugleich reflektiert er Themen wie Eitelkeit und Selbstbezogenheit, versinnbildlicht durch die Initialen, aus denen das Werk einzig besteht.[150]

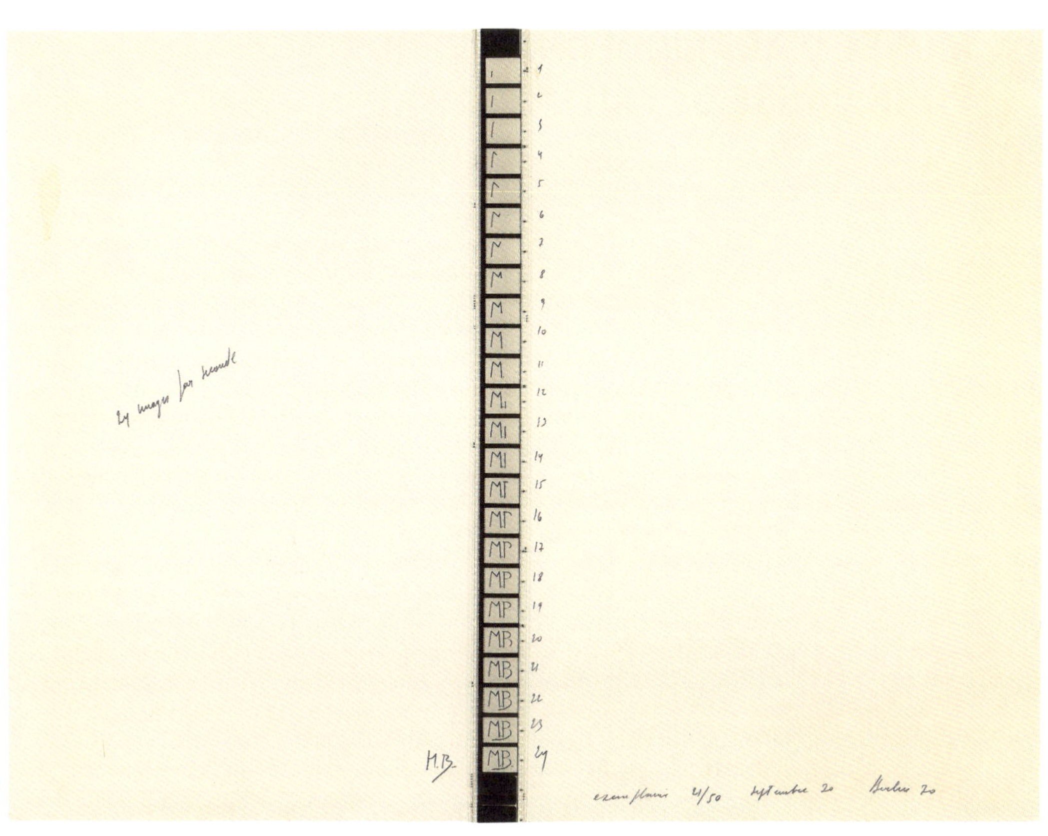

Kat. 4 Marcel Broodthaers, *M. B., 24 Images/Seconde,* 1970
35mm-Filmstreifen (schwarz-weiss), auf einen Karton fixiert,
mit Grafitstift auf Karton, Blattmass: 50 × 65 cm
Kunsthaus Zürich, Grafische Sammlung, Geschenk des Migros-Genossenschaftsbunds, 1982,
Inv. Gr.1982/0028

MUSÉE D'ART MODERNE À VENDRE – POUR CAUSE DE FAILLITE, 1971

Broodthaers versieht 19 Exemplare des Katalogs, der 1971 anlässlich des Kölner Kunstmarkts erscheint, mit einem von ihm gestalteten Umschlag. Im Katalog selbst ist Broodthaers an zwei Stellen vertreten: Die Wide White Space Gallery Antwerpen führt ihn mit seinem Werk *Ma Collection* (*Meine Sammlung,* 1971, Eric Decelle, Brüssel) auf und die Kölner Galerie Michael Werner zeigt ebendiese Grafikedition, weshalb Vorder- und Rückseite des Umschlags des Künstlers im Katalog selbst abgebildet werden.

Der Umschlag ist in der typografischen Gestaltung stark reduziert. So informiert die Frontseite des Werks *Musée d'Art Moderne à vendre – pour cause de faillite (Museum für Moderne Kunst zu verkaufen – wegen Bankrotts)* in schwarzer Majuskelschrift auf weissem Grund darüber, dass Broodthaers' Museum zu verkaufen ist – «wegen Bankrotts». Dies ist widersprüchlich, denn Werke im Museum und vor allem die Institution selbst sind normalerweise dem Einfluss des Marktes entzogen. Broodthaers wirft damit die Frage auf, ob Museen – und damit auch die dort gesammelte Kunst – rentabel sein müssen. Der Umschlag, der diese Verkaufsanzeige prominent platziert, ummantelt ausserdem den Markt, versinnbildlicht durch den enthaltenen Katalog, was wiederum auf den Einfluss verweist, den das Museum auf den Kunstmarkt hat: Ankaufsentscheidungen von Museen können eine Wertsteigerung von Werken bewirken.[151] Zugleich generiert sich der Kern des Museums, die Sammlung, aus dem Markt heraus.[152] Die Grafikedition thematisiert demnach eine komplexe Wechselwirkung zwischen der Institution und dem Markt und verbindet Broodthaers' Überlegungen zum Museum mit denjenigen zum Verkauf von Kunst.[153]

Der Künstler widmet die 19 Umschläge des Katalogs jeweils einer anderen Person, die er alle einzeln auf der hinteren Klappe aufführt. Neben Schriftstellern wie Victor Hugo und Malern wie Mark Rothko nennt Broodthaers weitere männliche Vertreter aus der Kunst- und Kulturwelt, aber auch den Philosophen Lucien Goldmann. Sie alle scheinen ihm interessante oder vorbildhafte Beispiele zu sein, die er seinem Publikum empfiehlt. Unklar ist, ob er ihr Schaffen allgemein hervorheben möchte, oder ob sie im Kontext von Kauf, Verkauf und Wert speziell betont werden. Das Exemplar in der Grafischen Sammlung des Kunsthauses widmet Broodthaers J. B. Uyttendaele. Maria Gilissen Broodthaers erinnert sich, dass dieser ihren Mann bei seiner Arbeit mit Büchern unterstützte.

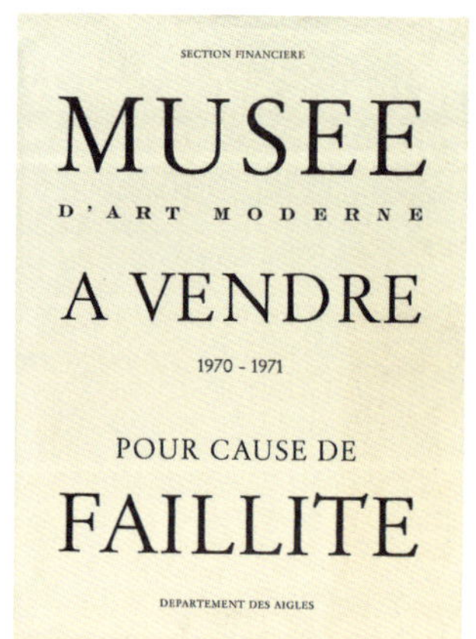

Kat. 5 Marcel Broodthaers, *Musée d'Art Moderne à vendre – pour cause de faillite,* 1971
Katalog des Kölnischen Kunstmarkts mit Umschlag des Künstlers,
Hochdruck in Schwarz auf Papier, Objektmass: 45 × 32 × 1 cm
Kunsthaus Zürich, Grafische Sammlung, Geschenk des Migros-Genossenschaftsbunds, 1982,
Inv. Gr.1982/0029

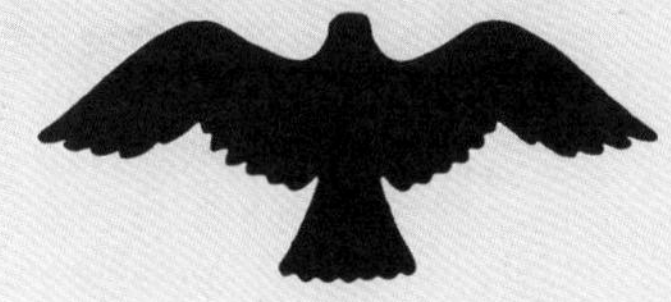

Fig. 0

ô Mélancolie

aigre chateau des aigles

TRACTATUS LOGICO-CATALOGICUS, 1972

Tractatus Logico-Catalogicus ist das einzige Objekt der Ausstellung Broodthaers' in der Brüsseler Galerie MTL im Jahr 1972. Bei dem grossformatigen Offsetdruck handelt es sich um die farblich ins Negative gekehrten Seiten des zugehörigen Katalogs. Dieser wiederum erscheint in einer Auflage von nur sechs Exemplaren und ist gleichzeitig eine Neuauflage der Publikation, die ebendiese Galerie zwei Jahre zuvor anlässlich einer Ausstellung Broodthaers' veröffentlicht hat.[154] *Tractatus Logico-Catalogicus* erinnert aufgrund der hellen Schrift auf schwarzem Grund an die Vorbereitung für den Druckbogen. Tatsächlich bedient sich Broodthaers hier der Klischees des Ausstellungskatalogs, indem er diese in zwei Reihen übereinander montiert. Es entsteht eine optische Dreiteilung des Blatts, wobei jeweils die obere Hälfte kopfüber zu lesen ist. Dieses Motiv aufgreifend wird der Titel des Blatts zweimal, oben links und unten rechts, dort auf dem Kopf stehend, abgedruckt.[155] Bei diesen Momenten der Verkehrung handelt es sich um eine weitere Anspielung auf die frühere Ausstellung von 1970, bei der Broodthaers Texte auf die Fensterscheiben der Galerie anbringt, die dadurch von einer Seite seitenverkehrt zu sehen sind.[156]

Sowohl die Druckgrafik als auch die Publikation von 1972 beziehen sich auf die Ausstellung von 1970 und listen deren Exponate auf. In dem Kontext ist es zentral, dass Broodthaers' Titel auf Wittgensteins *Tractatus Logico-Philosophicus* rekurriert. Bei Wittgensteins Nummerierungssystem soll die Gliederung die Logik des Inhalts andeuten. Broodthaers bricht ironisch mit dieser Überlegung, indem seine Strukturierung beliebig ist.[157] Die Auflistung von 1972 führt die Ausstellungsobjekte von 1970 auf, wodurch jeglicher Sinn des Katalogs verloren geht.[158] Deutlich zeigt sich hier die Hinterfragung der Kommerzialisierung von Kunst durch ihren Verkauf. Bereits 1970 schreibt Broodthaers im Magazin der Galerie: «Das Ziel aller Kunst ist kommerziell. Auch mein Ziel ist kommerziell. Das Ziel der Kritik ist gleichermaßen kommerziell.»[159]

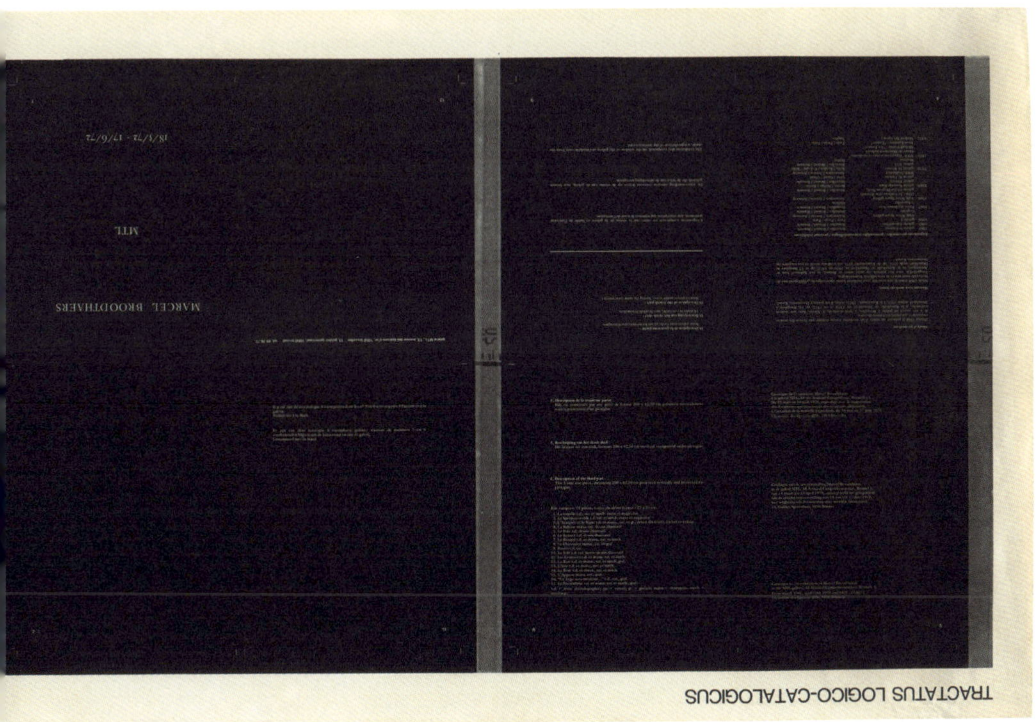

Kat. 6 Marcel Broodthaers, *Tractatus Logico-Catalogicus*, 1972
Offsetdruck in Schwarz auf Papier, Blattmass: 69,8 × 154 cm
Kunsthaus Zürich, Grafische Sammlung, Geschenk des Migros-Genossenschaftsbunds, 1982, Inv. Gr.1982/0030

AVIS. SIX LETTRES OUVERTES, 1972

Nicht nur der Titel der sechsteiligen Druckgrafik *Avis. Six Lettres ouvertes (Bekanntmachung. Sechs offene Briefe)* lehnt sich an die Werkgruppe der *Lettres ouvertes* an. Auch die Gestaltung der einzelnen Blätter, auf denen sich jeweils links oben, ähnlich einem Briefkopf, der Verweis auf die *Section des Figures* des *Musée d'Art Moderne* befindet, erinnert daran. Die Nennung dieser Sektion wiederum ist ein Verweis auf Broodthaers' Ausstellung *Der Adler vom Oligozän bis heute,* die 1972 in der Städtischen Kunsthalle Düsseldorf stattfindet. Die Datierung der Grafiken oben rechts auf aufeinanderfolgende Tage im April 1972 lässt sie zudem zur Vorankündigung der im Mai eröffnenden Ausstellung werden. Diese wiederum zeigt, wie auch *Avis. Six Lettres ouvertes,* die Figur des Adlers, herausgelöst aus seinen verschiedensten Kontexten – vom Museumsobjekt bis zur Abbildung aus einer Zeitschrift. Die bildlichen Darstellungen auf den sechs Blättern werden begleitet von jeweils einem Satz, wobei die ersten fünf mit «Jede Ähnlichkeit der Abteilung Adler mit solchen in Museen aller Art» beginnen und ergänzt werden mit «ist zufällig», «ist rein formal», «ist unbeabsichtigt», «existiert nur in der Einbildung» und «ist ein Ergebnis der Zivilisation». Auf dem sechsten Blatt steht: «Die Direktion lehnt jede Verantwortung ab.»[160]

Bereits Zwirner verweist darauf, dass Broodthaers mit Aussagen in diesem Werk zu einer sehr komplexen Definition von Ähnlichkeit gelangt.[161] Zeitgenössisch prägt diesen Begriff vor allem Foucault. Dieser weist darauf hin, dass sich die figürliche Darstellung, die die Ähnlichkeit zum Abgebildeten einschliesst, über die Jahrhunderte hinweg von der sprachlichen Referenz, die die Ähnlichkeit wiederum ausschliesst, trennt.[162] Für Foucault endet das Denken in Ähnlichkeiten zu Beginn des 17. Jahrhunderts.[163] Überträgt man dies auf Broodthaers' Überlegungen zum Thema Museum, zu denen *Avis. Six Lettres ouvertes* gehört, lässt sich danach fragen, warum Ähnlichkeiten zwischen seinem fiktiven Museum und realen Institutionen erkannt werden können. Denn was macht ein Museum aus? Letztlich ist es die kritische Reflexion, die Broodthaers anregen will. Er fordert mit diesem Werk zu einer Stellungnahme auf: «Avis», wie ein Teil des Titels lautet, bedeutet nicht nur aus dem Lateinischen übersetzt «Vogel» und kann als Verweis auf den Adler gelten, sondern auch aus dem Französischen «Meinung», «Bekanntmachung» oder «Stellungnahme».

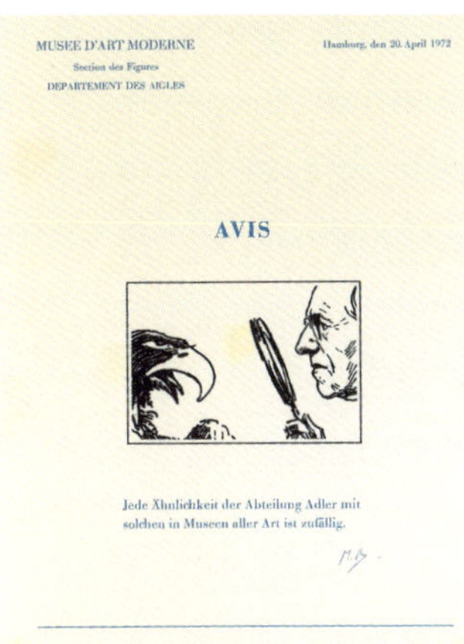

MUSEE D'ART MODERNE
Section des Figures
DEPARTEMENT DES AIGLES

Hamburg, den 20. April 1972

AVIS

Jede Ähnlichkeit der Abteilung Adler mit solchen in Museen aller Art ist zufällig.

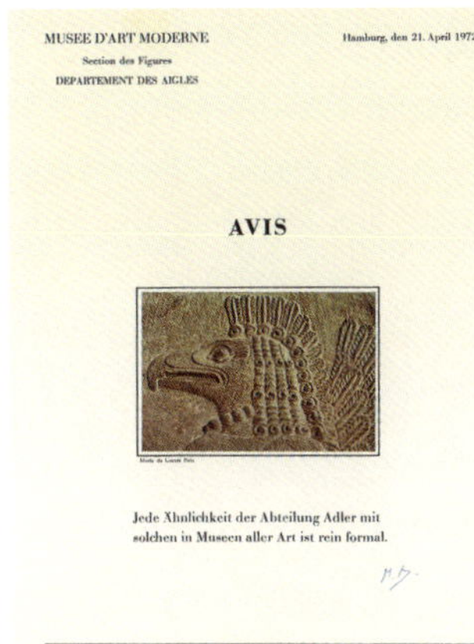

MUSEE D'ART MODERNE
Section des Figures
DEPARTEMENT DES AIGLES

Hamburg, den 21. April 1972

AVIS

Jede Ähnlichkeit der Abteilung Adler mit solchen in Museen aller Art ist rein formal.

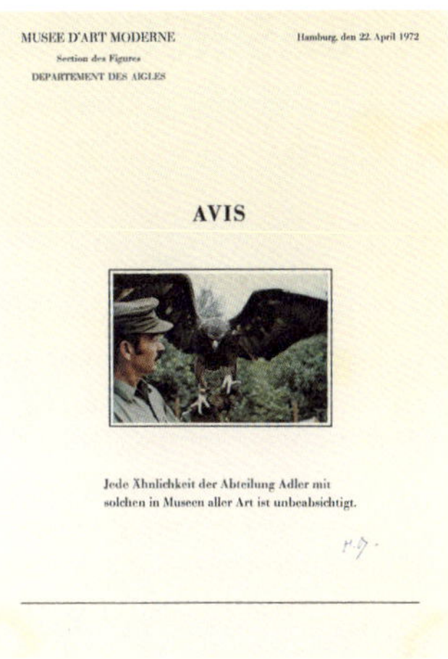

MUSEE D'ART MODERNE
Section des Figures
DEPARTEMENT DES AIGLES

Hamburg, den 22. April 1972

AVIS

Jede Ähnlichkeit der Abteilung Adler mit solchen in Museen aller Art ist unbeabsichtigt.

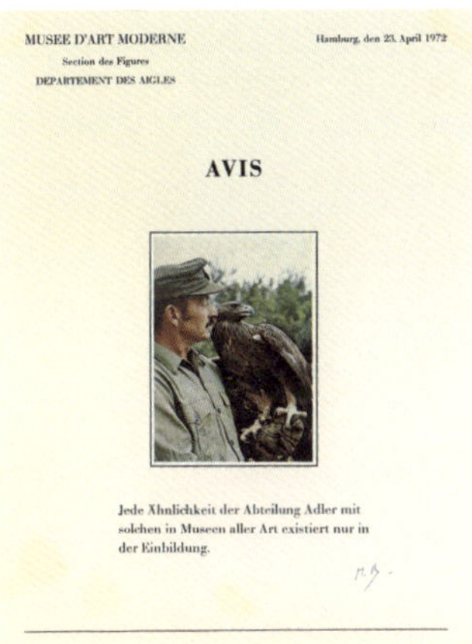

MUSEE D'ART MODERNE
Section des Figures
DEPARTEMENT DES AIGLES

Hamburg, den 23. April 1972

AVIS

Jede Ähnlichkeit der Abteilung Adler mit solchen in Museen aller Art existiert nur in der Einbildung.

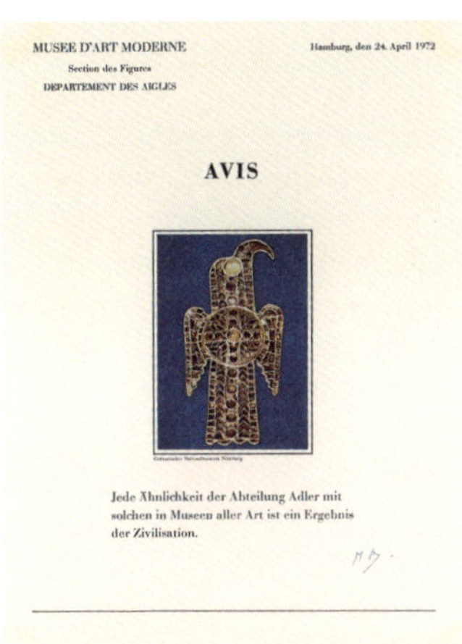

MUSEE D'ART MODERNE
Section des Figures
DEPARTEMENT DES AIGLES

Hamburg, den 24. April 1972

AVIS

Jede Ähnlichkeit der Abteilung Adler mit solchen in Museen aller Art ist ein Ergebnis der Zivilisation.

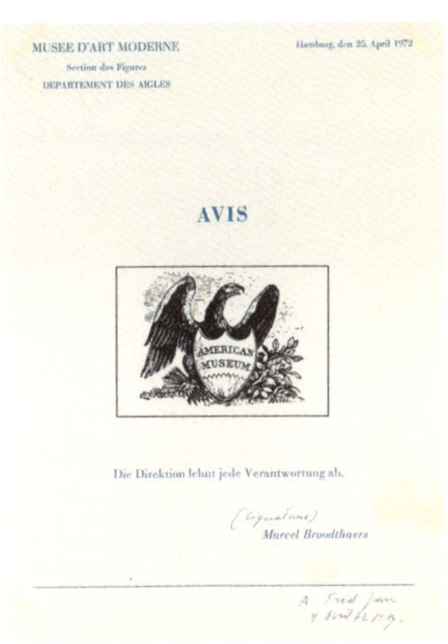

MUSEE D'ART MODERNE
Section des Figures
DEPARTEMENT DES AIGLES

Hamburg, den 25. April 1972

AVIS

Die Direktion lehnt jede Verantwortung ab.

Marcel Broodthaers

Kat. 7 Marcel Broodthaers, *Avis. Six Lettres ouvertes,* 1972
6 Blatt, Hochdruck auf Glanzpapier, Blattmass: je ca. 29,7 × 21 cm
Kunsthaus Zürich, Grafische Sammlung, Geschenk des Migros-Genossenschaftsbunds, 1982, Inv. Gr.1982/0031

DAS RECHT, 1972

Die Druckgrafik *Das Recht* ist zweiteilig, wobei das erste Blatt im Hochformat, das zweite im Querformat gehalten ist. Beide werden durch dicke schwarze Umrandungen in mehrere Bildfelder unterteilt, das Hochformat in zwei, das Querformat in sechs. Die Darstellungen innerhalb der Bildfelder behandeln alle das Thema Rauchen. So sind auf dem ersten Blatt oben über der gedruckten Anweisung «Nicht Rauchen» zweimal mit Rauch umgebene Pferdeköpfe zu sehen, während unten über dem wiederholten Verbot «Nicht Rauchen» zwölfmal eine Aufnahme von Zigarettenschachteln wiedergegeben wird. Auf dem zweiten Blatt ist in drei der sechs Bildfelder jeweils ein rauchender Kopf zu sehen. Darüber hinaus werden hier eine Fabrik sowie erneut die Pferdeköpfe und die Zigarettenschachteln gezeigt. Die Anweisung wechselt dabei die Sprache. Neben «Nicht Rauchen» ist auch «No Smoking» und «Défense de Fumer» zu lesen.

Das achtmal ausgesprochene Verbot, das prominent platziert ist, steht im Widerspruch zum Titel des Werks. Das Rauchverbot wird hier ironisch gebrochen, indem es gegen alle möglichen Formen des Rauchens ausgesprochen wird.[164] Durch die direkten Anweisungen an die Betrachter:innen werden diese Teil des Werks.[165]

Anzumerken ist, dass *Das Recht* in zwei verschiedenen Versionen existiert. Die erste besteht neben dem oben beschriebenen Querformat aus einem Hochformat, das in zwei Bildfelder unterteilt ist. Darauf abgebildet sind ein Revolver und ein rauchender Vulkan, jeweils mit dem Untertitel «Nicht Rauchen». Erst in der zweiten Version wird dieses Hochformat durch das oben genauer beschriebene, ebenfalls im Hochformat gehaltene Blatt ausgetauscht. Ein Exemplar des Werks besteht aus allen drei Blättern.[166]

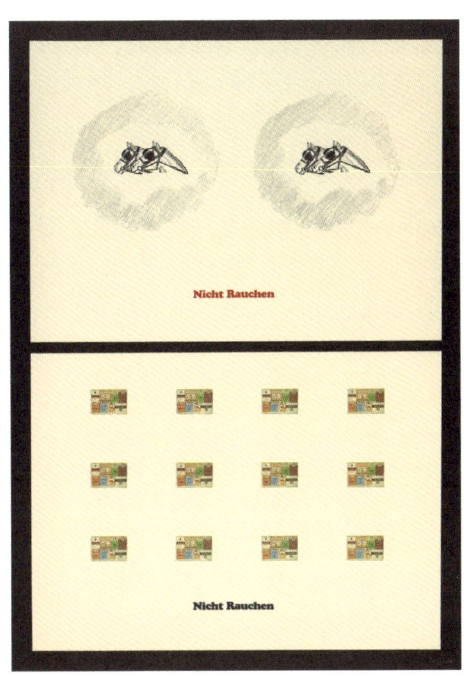

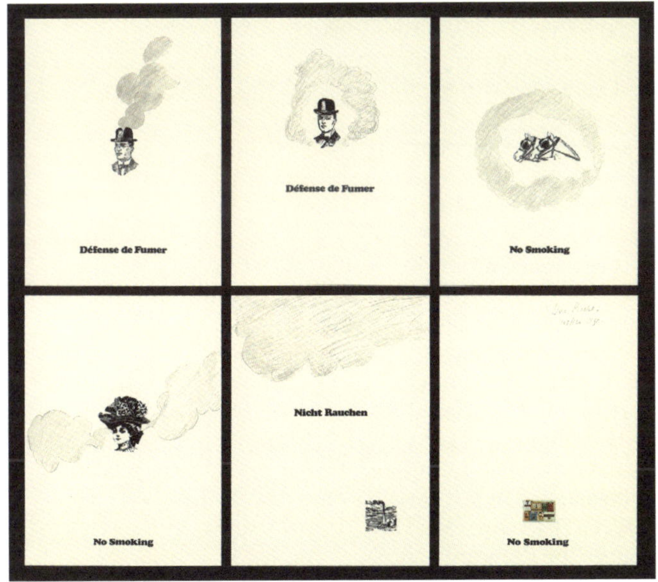

Kat. 8 Marcel Broodthaers, *Das Recht,* 1972
2 Blatt, Siebdruck in Schwarz und Rot und Offsetdruck in Farbe auf Schoeller-Turm-Halbkarton,
Blattmass: 61,8 × 42,7 cm, Blattmass: 61,8 × 68,8 cm
Kunsthaus Zürich, Grafische Sammlung, Geschenk des Migros-Genossenschaftsbunds, 1982,
Inv. Gr.1982/0032

MUSEUM – MUSEUM, 1972

Der Hintergrund der beiden Blätter des zweiteiligen Werks *Museum – Museum* ist in sattem Schwarz gedruckt. Darauf sind jeweils 16 Goldbarren in vier Reihen und vier Spalten unter der in Majuskeln gehaltenen Überschrift «Museum» angeordnet. Unter jedem Goldbarren vermerkt Broodthaers auf dem linken Blatt mit schlanker weisser Schrift Namen anderer Künstler wie Mantegna, Cranach, Ingres oder Magritte. Das sich hier offenbarende Referenzsystem ist durchwegs männlich und reicht von der Renaissance bis hin zum Surrealismus. Mit dieser Auflistung wirft Broodthaers einen kritischen Blick auf die durch Museen beeinflusste Kanonbildung der Kunstgeschichte. So fragt das Blatt danach, wer bestimmt, welche Künstler im Museum gesammelt werden und welche davon ausgeschlossen bleiben. In der untersten Reihe werden die Namen der Künstler mit den Begriffen «Imitation», «Kopie», «Copie» und «Original» in Verbindung gebracht. Die sich hier offenbarenden Kategorien sind mit gewissen Wertigkeiten verbunden.[167] Durch Broodthaers werden sie nivelliert, indem allen Künstlern, Originalen und Kopien derselbe Wert – nämlich ein Goldbarren – zugesprochen wird. Darüber hinaus beleuchtet er damit Tendenzen kritisch, die den monetären Wert über den ästhetischen setzen.[168] Hier ist es allein der Name eines Kunstschaffenden und nicht sein Werk, das den Wert erzeugt.

Auf dem zweiten Blatt führen die Legenden unter den Goldbarren nicht mehr Künstlernamen, sondern verschiedene Handelsgüter auf. In Relation zum ersten Blatt wird Kunst in dieser Kombination zur Handelsware und einzig auf ihren Geldwert reduziert. Darauf verweisen auch die Goldbarren, die mit «Argo SA Chiasso» gestempelt sind. Chiasso als Grenzübergang ist ein Ort des Handels. Die Kunst ist damit, ungeachtet ihres ästhetischen Werts, für den Markt nichts anderes als Schokolade oder Benzin. Broodthaers äussert sich dazu: «Ich bezweifle allerdings, daß es möglich ist, eine seriöse Definition der Kunst zu geben, solange wir die Frage nicht unter einer Konstanten untersuchen, ich meine die Transformation der Kunst in Ware. Dieser Prozeß ist heutzutage bis zu dem Punkt akzelleriert [sic], wo künstlerische und kommerzielle Werte austauschbar sind.»[169] Die gleichartig dargestellten Kunstwerke und Handelsgüter versammelt Broodthaers unter dem Begriff «Museum». Sie alle haben durch ihren monetären Gegenwert eine Existenzberechtigung in dieser Sammlung. Broodthaers problematisiert damit die Konstruiertheit von Wert- und Bedeutungszuschreibungen.[170]

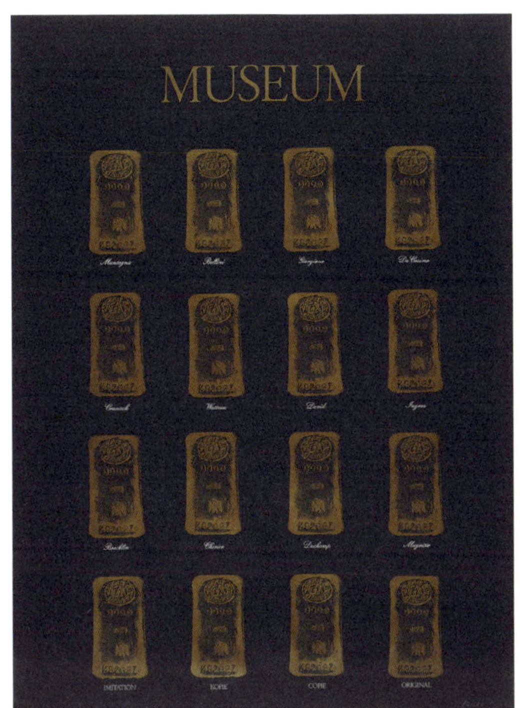

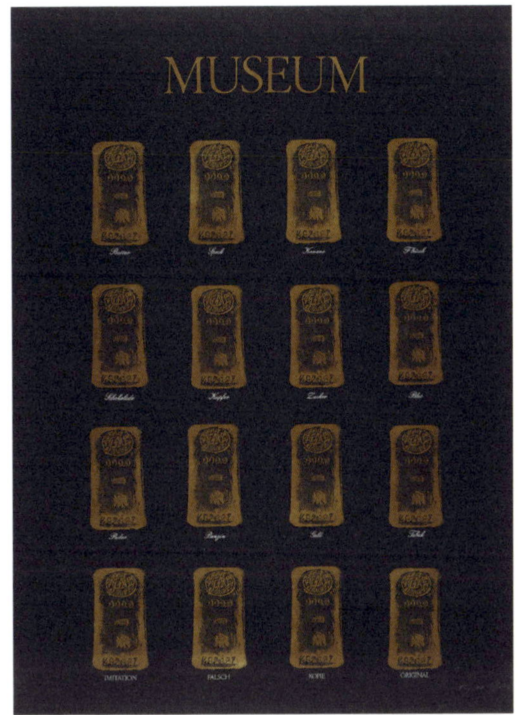

Kat. 9 Marcel Broodthaers, *Museum – Museum,* 1972
2 Blatt, Siebdruck in Schwarz, Gold und Weiss auf Schoeller-Parole-Karton, Blattmass: je 83,8 × 59 cm
Kunsthaus Zürich, Grafische Sammlung, Geschenk des Migros-Genossenschaftsbunds, 1982,
Inv. Gr.1982/0033

CHÈRE PETITE SŒUR, 1972

Der Offsetdruck *Chère Petite Sœur (Liebe kleine Schwester)* ist nicht ohne Grund betitelt wie die Anrede eines Briefs, zitiert Broodthaers hier doch eine in einem Laden erworbene Postkarte aus dem Jahr 1901.[171] Die Grafikedition reproduziert diese Postkarte, auf der ein Schiff in stürmischer See zu sehen ist, farblich ins Negative gekehrt. In ihrem kleinen Querformat wird sie leicht über der Mitte des Blatts abgebildet. Auf der Postkarte selbst ist zu lesen: «Liebe kleine Schwester, dies hier soll dir eine Vorstellung vom Meer während des Sturms geben, den wir gestern hatten. Ich werde darüber ausführlich berichten, liebe Grüsse und bis bald. Marie». Folglich handelt es sich um eine Postkarte, die die Verfasserin, Marie, ihrer jüngeren Schwester sendet.

In der Forschung wird in diesem Kontext von Aneignung und Transformation des Fundstücks geschrieben.[172] Wichtig ist jedoch, darauf hinzuweisen, dass Broodthaers die fremde Urheberin keinesfalls verschleiert, sondern sie vielmehr hervorhebt. Gerade die Gestaltung des Blatts mit dem breiten weissen Rand verleiht der kleinen Postkarte viel Aufmerksamkeit und zeigt eine gewisse Wertschätzung. Broodthaers aktualisiert in *Chère Petite Sœur* die private Nachricht einer Frau um die Jahrhundertwende, indem er sie 1972 als positives Beispiel für Sprachverwendung und Kommunikation hervorhebt. Dies erschöpft sich nicht in der Reproduktion der Postkarte als Grafikedition. Sie bildet auch einen zentralen Bestandteil des Films *Chère Petite Sœur (La Tempête)* (1972).[173]

Kat. 10 Marcel Broodthaers, *Chère Petite Sœur,* 1972
Offsetdruck in Schwarz auf Papier, Blattmass: 63,2 × 44 cm
Kunsthaus Zürich, Grafische Sammlung, Geschenk des Migros-Genossenschaftsbunds, 1982, Inv. Gr.1982/0034

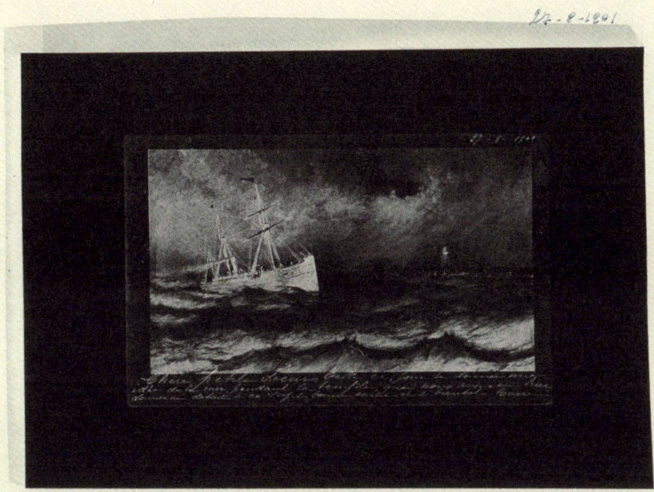

Chère Petite Sœur, ...

5-5-1972

Ex. 87 87/100 M.H.

M.H.

EIN EISENBAHNÜBERFALL, 1972

Der vollständig in Schwarz-Weiss gehaltene Offsetdruck *Ein Eisenbahnüberfall* zeigt in drei Reihen einmal vier und zweimal drei Filmstreifen. Auf den darin enthaltenen einzelnen Aufnahmen sind die beiden Darsteller Broodthaers und Jost Herbig in verschiedenen Situationen zu erkennen. Sie tragen tief in die Stirn gezogene Hüte, stehen an einem Bahnübergangsschild sowie vor Schienen oder Waggons. Mehr scheint nicht nötig zu sein, um den im Titel genannten Eisenbahnüberfall heraufzubeschwören.[174] Interessant ist an dieser Stelle die Tatsache, dass es einen entsprechenden Film Broodthaers' nicht gibt. Wenngleich die unter den Filmstreifen aufgeführte Legende mit Informationen zu Darstellern, Kameraführung und Produktion sowie das Format des Blatts stark an Filmplakate erinnern, handelt es sich nicht um Werbung für ein filmisches Werk. Vielmehr zeigt sich hier Broodthaers' Einbezug der Betrachter:innen: Durch das Fehlen einer filmischen Umsetzung sind es sie, die den Film mit ihrer Vorstellungskraft entstehen lassen.[175] Das Publikum ist aufgefordert, die abgebildeten Einzelbestandteile zu einem Narrativ zusammenzufügen. Erschwert wird dies dadurch, dass ein eindeutiger zeitlicher Ablauf auf der Druckgrafik nicht erkennbar und der titelgebende Überfall gar nicht zu sehen ist.

Für Irritation sorgen ausserdem die die Filmstreifen unterbrechenden leeren Bildfelder. Auf ihnen führt Broodthaers handschriftlich die Bezeichnungen «fig. 0», «fig. 1», «fig. A», «fig. 12» und «fig. 2» auf.[176] Bei ihrer Einordnung ist eine Aussage Herbigs, der neben Broodthaers der zweite Darsteller des fiktiven Films ist, hilfreich: «Das Thema seiner [Broodthaers'] Filme ist nicht der Stoff aus dem die Illusionen sind, sondern die Untersuchung dieser Art von Materie.»[177] Zwirner geht näher darauf ein, indem sie darauf hinweist, dass die durch Broodthaers vorgenommene Zerlegung des Films in seine Bestandteile bewirkt, dass die Reflexion Teil des Werks wird. In ihr erkennen sich Betrachter:innen zugleich als Schöpfer:innen, aber eben auch als Gefangene ihrer eigenen Wirklichkeit, ihres eigenen Vorstellungsvermögens.[178] Die handschriftlichen Bezeichnungen, Verweise auf eine fehlende Information, stehen folglich einerseits für ein abwesendes Bild, das die Betrachter:innen einfügen, andererseits aber auch für die Reflexion dieses Prozesses.

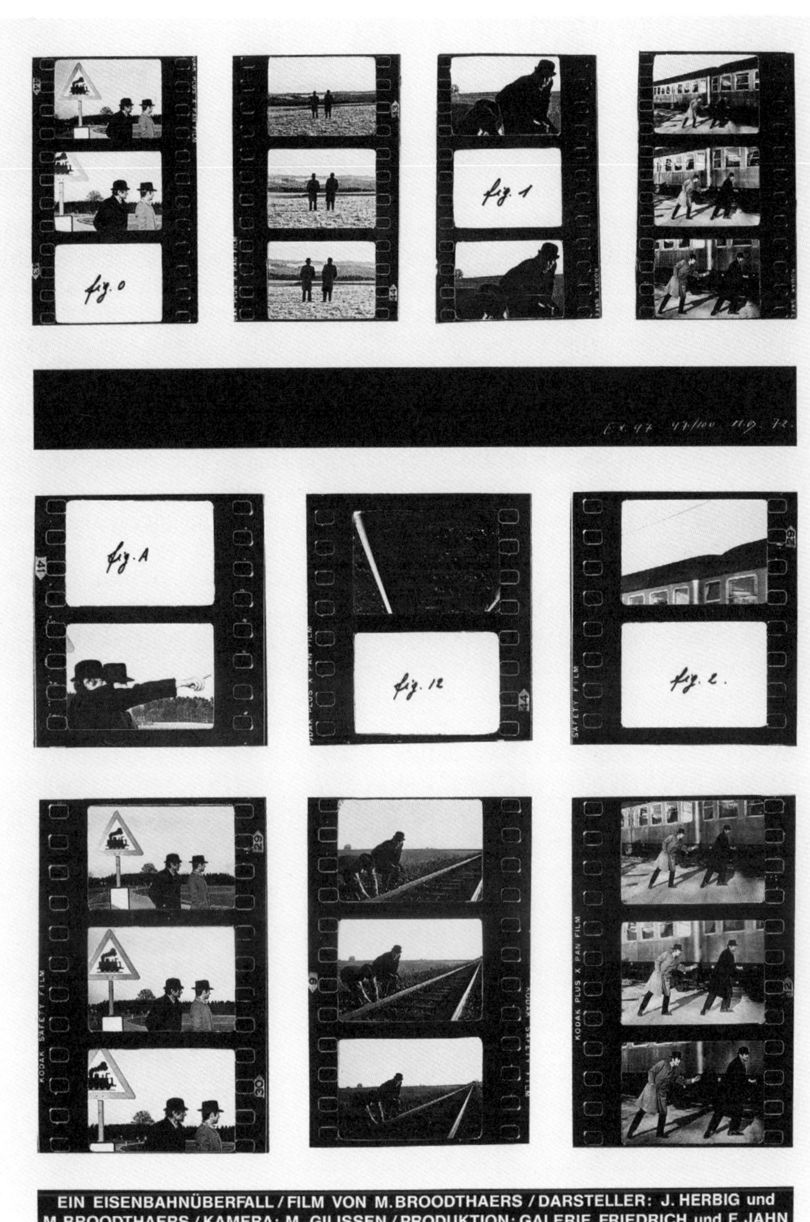

Kat. 11 Marcel Broodthaers, *Ein Eisenbahnüberfall*, 1972
Offsetdruck in Schwarz auf Glanzpapier, Blattmass: 83,6 × 55,7 cm
Kunsthaus Zürich, Grafische Sammlung, Geschenk des Migros-Genossenschaftsbunds, 1982, Inv. Gr. 1982/0035

MUSÉE – MUSEUM, 1972

Der zweiteilige Offsetdruck *Musée – Museum* zeigt auf beiden Blättern den identischen Grund- und Aufriss der Räumlichkeiten in der Rue de la Pépinière 30 in Brüssel. An dieser Adresse, dem Wohnhaus des Künstlers, ist für ein Jahr lang, vom 27. September 1968 bis zum 27. September 1969, die *Section XIXe Siècle,* die erste Inszenierung des *Musée d'Art Moderne* Broodthaers', zu sehen. Wie auch der feingliedrige Plan offenbart, zeigt Broodthaers anlässlich dieser Sektion Verpackungsmaterial für Kunst, Transportkisten, die sich an den Wänden stapeln, und Postkarten, die hauptsächlich französische Kunst des 19. Jahrhunderts repräsentieren. Fünf dieser kleinformatigen Reproduktionen integriert Broodthaers auch in die zweiteilige Druckgrafik: Auf dem linken Blatt fügt er Ingres' *Le Grande Odalisque* (1814, Louvre, Paris) und *Le Bain turc* (1862, Louvre, Paris) sowie Courbets *Les Dormeuses* (1866, Petit Palais, Paris) ein. Auf der rechten Grafik sind Ingres' *Portrait du violoniste Paganini* (1819, Louvre, Paris) und *Portrait de Mme Victor Baltard* (1836, Privatbesitz) als Kunstpostkarten angebracht.

Den zweisprachigen Titel *Musée – Museum,* den Broodthaers auf beiden Grafiken unten rechts angibt, druckt er seitenverkehrt. Dies ist wohl eine Anspielung auf den französisch- und flämischsprachigen Schriftzug «Musée – Museum», der während der ersten Sektion am Fenster seines fiktiven Museums zu sehen ist. Nur von innen kann er richtig herum gelesen werden.[179] Dieses Moment der Spiegelung kann wiederum als Referenz auf Broodthaers' Museum gedeutet werden, das wie ein Spiegel agiert, den der Künstler der Wirklichkeit vorhält, um ihre Konstruiertheit aufzudecken. Beispielsweise bemerkt Frank Maes, dass, wenn man Broodthaers' Werke in einem Museum präsentiert, diese der Institution einen Spiegel vorhalten und so eine poetisch-kritische Reflexion über ihre Aktivitäten anbieten.[180]

Ebendiese Betonung der Reflexion zeigt sich auch in den Leerformen, die Broodthaers auf der Druckgrafik abbildet: das fiktive Museum, die Verpackungskisten, die Reproduktionen. Diese Leerformen dienen dem Künstler dazu, die Institution Museum zu hinterfragen.[181] Die Reflexion geschieht dabei fortwährend. Broodthaers setzt sich nicht nur zum Zeitpunkt des Entstehens seines Museumsprojekts und der damit verbundenen ersten Sektion mit diesem Thema auseinander. Beispielsweise entsteht die Druckgrafik, die die *Section XIXe Siècle* von 1968 aufleben lässt, im Jahr 1972, als der Künstler das fiktive Museum auf der *documenta 5* schliesst. Und auch nach diesem Ende des *Musée d'Art Moderne* schwingen damit verbundene Überlegungen weiterhin in seinem Schaffen mit: So bildet etwa die *Salle blanche* (*Weisser Raum,* 1975, Centre Pompidou, Paris) den Wohnraum in der Rue de la Pépinière 30 erneut ab – nun gänzlich ohne Einrichtung, als tatsächliche Leerform.[182]

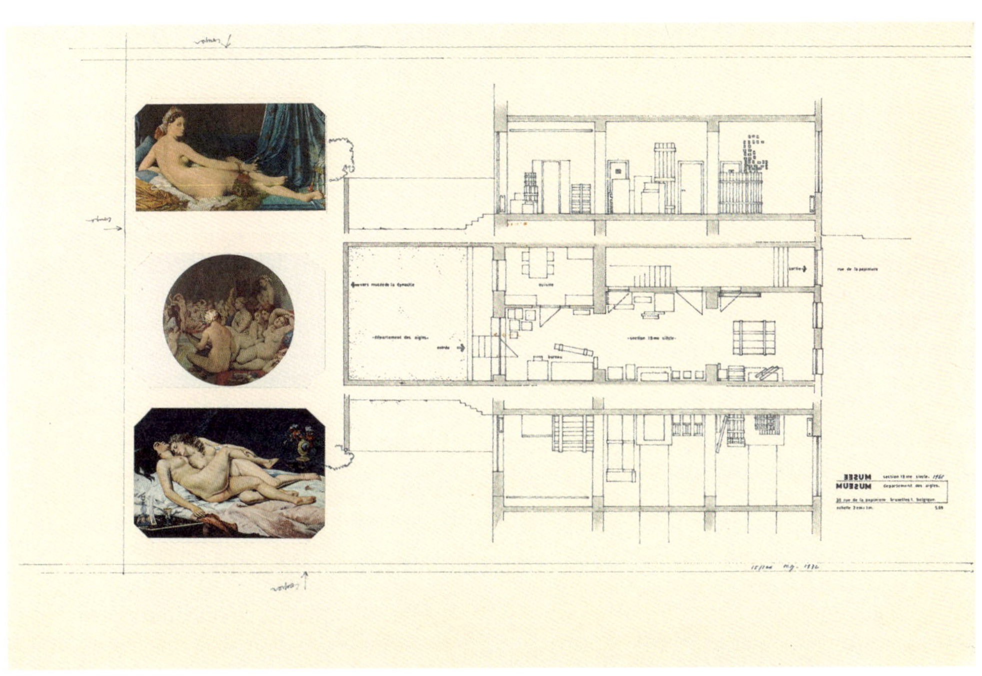

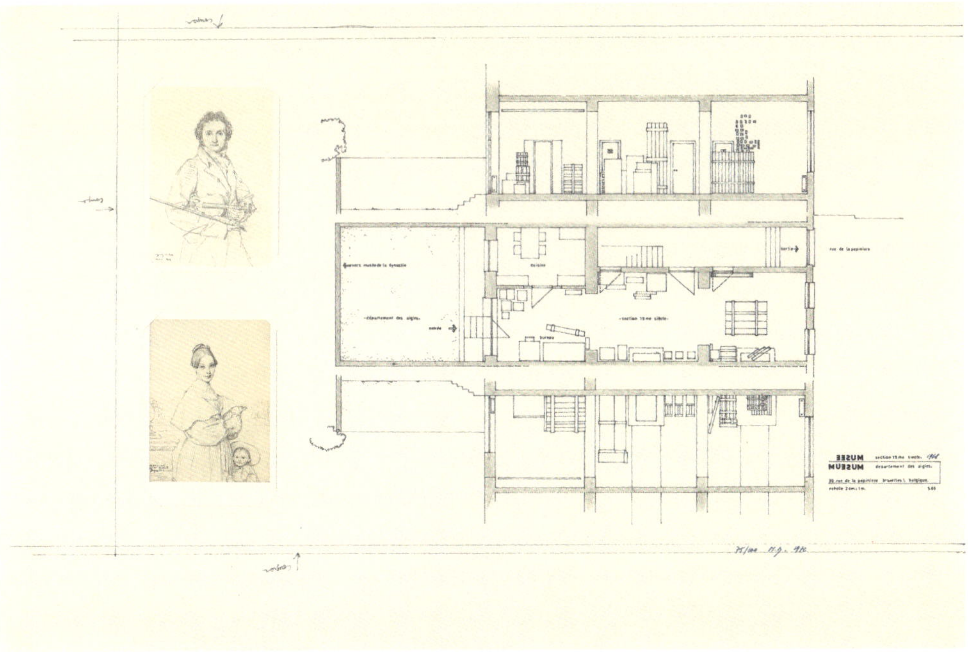

Kat. 12 Marcel Broodthaers, *Musée - Museum,* 1972
2 Blatt, Offsetdruck in Schwarz auf Papier, eingefügt 2 beziehungsweise
3 Postkarten, Blattmass: je 50,5 × 75 cm
Kunsthaus Zürich, Grafische Sammlung, Geschenk des Migros-Genossenschaftsbunds, 1982,
Inv. Gr.1982/0036

CORRESPONDANCE – BRIEFWECHSEL, 1972

Der kleinformatige Offsetdruck *Correspondance – Briefwechsel* ist aufgeteilt in sieben Bildfelder, die in zwei Spalten neben- und übereinander angeordnet sind. Sechs der abgegrenzten Flächen zeigen figürliche Szenen in Farbe, die aus verschiedenen Comics entnommen zu sein scheinen. Das siebte Feld links unten beinhaltet hingegen die mehrfache Wiederholung des Verweises «fig.» in Kombination mit verschiedenen Nummern («0», «1», «2», «12») oder dem Buchstaben «A».[183] Unter allen sieben Bildfeldern ist mittig ebenfalls die Bezeichnung «fig.» zusammen mit einer der Nummern oder dem «A» abgedruckt. Von den sechs figürlichen Darstellungen zeigen vier Adler, die mit ihren Krallen etwas tragen – beispielsweise einen Hund. Rechts oben ist eine ältere Frau zu sehen, die sich an dem Adler festhält, um von ihm getragen zu werden. Den Darstellungen ist gemeinsam, dass der Adler in der Funktion, etwas oder jemanden freiwillig oder unfreiwillig zu transportieren, zu sehen ist. Im Bildfeld unten rechts weist schliesslich ein Schild den Weg zum «Adlernest-Felsen». Alle figürlichen Darstellungen können mit dem Motiv des Adlers in Verbindung gebracht werden.

Durch die Figur des Adlers wird die Verbindung zur Ausstellung *Der Adler vom Oligozän bis heute,* die 1972 in der Städtischen Kunsthalle Düsseldorf stattfindet, deutlich. Die Kunsthalle ist darüber hinaus Herausgeberin dieses Offsetdrucks. Zwirner sieht das Blatt als Dokumentation der Methodik der Ausstellung. So kommt im zweisprachigen Titel *Correspondance – Briefwechsel* der Verweis auf menschliche Zeichen- und Kommunikationssysteme zum Ausdruck, die in der Präsentation in Düsseldorf zentral sind.[184] In ironischer Hinterfragung scheint der Offsetdruck deshalb eine eindeutige Aussage zu verwehren: Die Legende liefert keine hilfreiche Aussage für das Verständnis des Dargestellten, sondern ist vielmehr selbstreferentiell. Jeder Versuch, ein Narrativ zu erkennen, scheitert. Erst die Gesamtheit und der Kontext der Ausstellung helfen, die Druckgrafik einzuordnen. Die Ansammlung der arbiträr zusammengestellten Adler regt zum Reflektieren über die Ordnung und Organisation von Wissen und nicht zuletzt der damit verbundenen Institution Museum an.

Maria Gilissen Broodthaers zufolge handelt es sich bei diesem Werk um keine echte Grafikedition Broodthaers'. Das Blatt kam durch ein Missverständnis zustande.

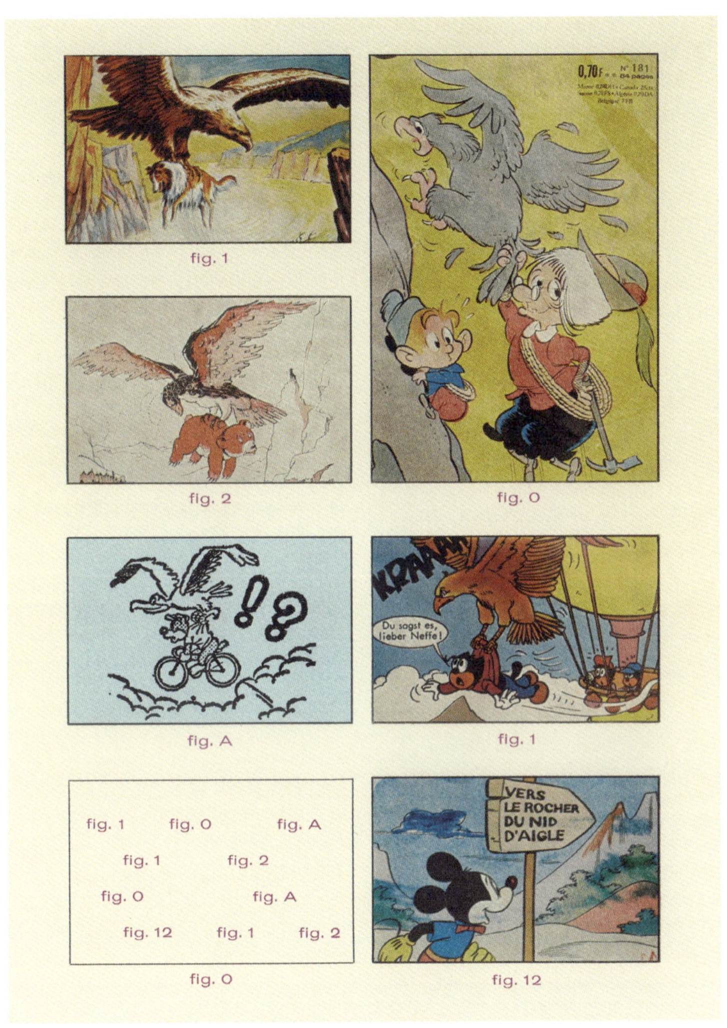

Kat. 13 Marcel Broodthaers, *Correspondance – Briefwechsel*, 1972
Offsetdruck in Farbe auf Hochglanz-Halbkarton, Blattmass: 20,9 × 14,8 cm
Kunsthaus Zürich, Grafische Sammlung, 1989, Inv. Gr.1989/0024

LETTRE OUVERTE, 1973

Beim Offsetdruck *Lettre ouverte (Offener Brief)* zeigt sich eine Diskrepanz zwischen Titel und Dargestelltem: Der angekündigte Brief, der links abgebildet wird, kann nicht gelesen werden, da der eigentliche Text geschwärzt ist. Auch auf den beiden rechts daneben reproduzierten Umschlägen ziehen sich schwarze Balken über die Adresszeilen. An einigen Stellen schimmert das ursprünglich Geschriebene dennoch durch, weshalb grundlegende Informationen entziffert werden können. So ist erkennbar, dass der Brief und ein Umschlag von Pierre van Osselaere an Broodthaers geschickt werden. Der zweite Umschlag stammt vom Künstler und ist an van Osselaere adressiert, jedoch nicht abgestempelt. Dadurch wird die Druckgrafik zu einem Zeichen mehrfach gestörter Kommunikation: Die Texte sind zensiert und die Antwort ist nicht abgeschickt.[185] Broodthaers fügt dieser Edition ein Begleitschreiben mit dem Titel *Der gestohlene Brief* bei:

Geschichte:

Pierre Van Osselaere schickt mir im Sommer '72 von Namur aus einen Brief mit einer Reihe Briefmarken, die die bildliche Darstellung des Adlers tragen. In diesem Raubtier sieht er ein Unglückszeichen für die Zukunft. «Werden wir noch einen Frühling im Jahr 1973 durchmachen?» fragt er sich, als ob er fürchterliche Ereignisse, Wirtschafts- bzw. Staatskrisen, Arbeitslosigkeit und andere Dramen voraussieht. Dieser Brief war der Ausgangspunkt dieser Realisation auf schwarzem Papier (51,5 × 38 cm).

M. BROODTHAERS

Erläuterung:

1. Streichungen, die irgendwelche persönlichen oder politischen Mitteilungen oder sogar eine außergewöhnliche Geschichte verbergen.

2. Département des Aigles (Abteilung der Adler): Über dem Stempel, das diesen Titel trägt, kann man das Wort CODE lesen. Wäre dies das Zeichen einer Kommunikation für Kinder oder das Lesen eines Schreibens von Lacan? (beinhaltet [sic] der Umschlag, der eine nicht abgestempelte Briefmarke trägt, einen Antwortbrief?)

3. Vergleich der Briefmarken aufgrund der Farbe. Vergleich aufgrund verschiedener Zeiten oder Lande.

4. Das Namenszeichen des Künstlers steht links auf einem kleinen Streifen, der schwärzer als der übrige Hintergrund ist und der als Etikett dient. Die Paraphe wäre also der wichtigste Gegenstand, der an Narzißmus denken läßt.

5. Die Paraphe verweist auch auf eine einfache plastische Interpretation, da sie sich getrennt vom beschreibbaren Gegenstand befindet. (Im Dunkeln eines falschen Passepartouts).

M. ANNECOUR[186]

Mit der Ansammlung der Briefmarken, die verschiedene Darstellungen von Adlern zeigen, verweist Broodthaers auf die im selben Jahr stattfindende Ausstellung *Der Adler vom Oligozän bis heute* in der Düsseldorfer Kunsthalle. Die dort gezeigten Adler, neben musealen Objekten auch Ausschnitte aus Zeitungen, Wappen oder Ortsschilder, sind alle ihres eigentlichen Kontextes enthoben und werden scheinbar arbiträr im Raum angeordnet. Broodthaers verdeutlicht damit, dass Werke im Museum nur Abbilder dessen sind, was sie in ihrem ursprünglichen Zusammenhang wären. Auch in *Lettre ouverte* werden die Darstellungen ihrer Funktion als Briefmarken enthoben und allein aufgrund ihres Motivs gesammelt.[187]

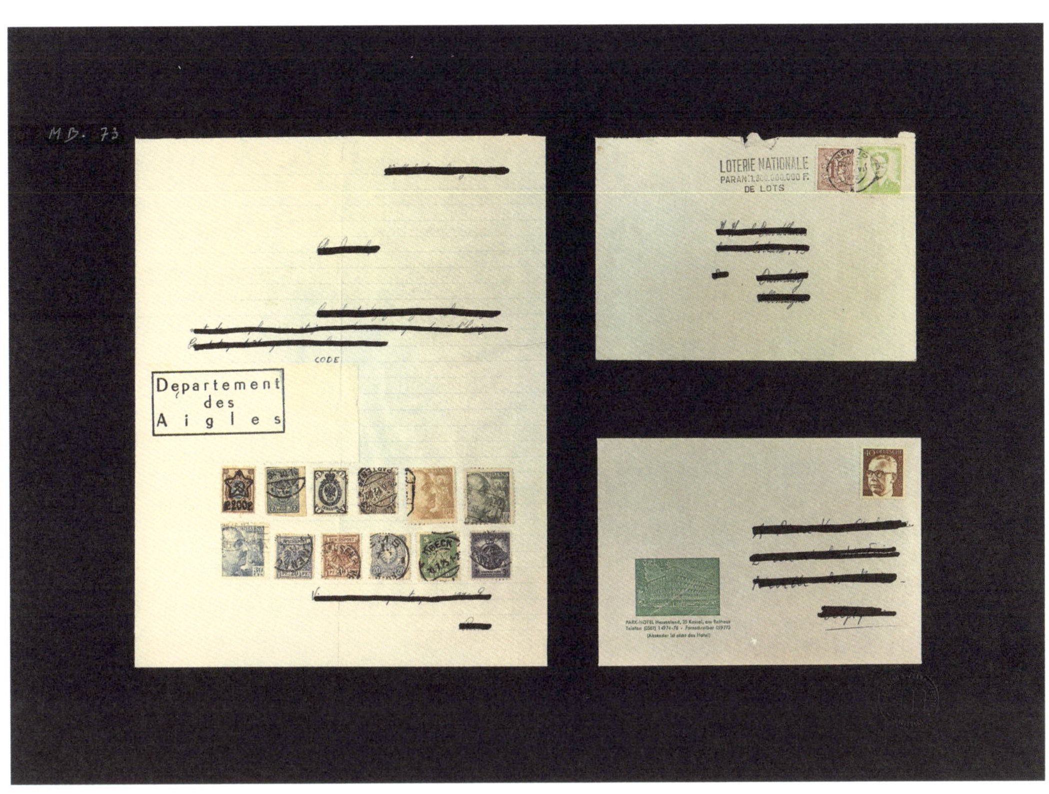

Kat. 14 Marcel Broodthaers, *Lettre ouverte,* 1973
Offsetdruck in Farbe auf Papier, Blattmass: 37,9 × 51,5 cm
Kunsthaus Zürich, Grafische Sammlung, Geschenk des Migros-Genossenschaftsbunds, 1982,
Inv. Gr.1982/0037

RÉBUS, 1973

Die in Blau und Rot gedruckte Serigrafie *Rébus* zeigt, wie der Titel bereits andeutet, ein Bilderrätsel. Ein Rebus zeichnet sich dadurch aus, dass Bild und Wort miteinander kombiniert werden. Auf dem Blatt sind Sätze, Wörter, einzelne Buchstaben und bildliche Darstellungen zusammengefügt. Einem «Ausweisdokument I» folgt ein «l'» und schliesslich ein Flusslauf, der mit «Die Maas» bezeichnet ist. Kehrt man das Blatt um, um den nur kopfüber sichtbaren Teil genauer zu betrachten, ist dort zu lesen: «Ausweisdokument II». Dieser Darstellung folgt erneut ein «l'» und ein Fluss, diesmal «Die Loire». Mittig sind auf dem Blatt zwei Eier abgebildet, eines bezeichnet mit «vom Huhn», eines mit «vom Hahn». Broodthaers fügt in Majuskeln hinzu: «Lösung». Die spielerische Komponente des Siebdrucks zeigt sich auch in den Beschriftungen am oberen und am unteren Rand. Dort ist vermerkt: «Um die Lösung zu lesen, drehen Sie das Bild um». Kommt man dieser Aufforderung nach, liest man: «Um den Rebus zu lesen, drehen Sie das Bild um».

Die Betrachter:innen sind in einer Endlosschleife gefangen, in der sich Bild und Text ergänzen, ersetzen und immer wieder abwechseln. Laut Michel Baudson handelt es sich hierbei um ein Spiel, das tradierte Bedeutungen und Strukturen hinterfragt.[188] Betrachter:innen werden zum Nachdenken angeregt und sind Teil des Werks. Broodthaers bemerkt ein Jahr nach dem Entstehen des Siebdrucks: «Was hat die Poesie mit der Welt zu tun? [...] ich glaube, daß sie genau die Codes der Erklärungen stört, die man von allen Seiten in dem Maß anführt, wie sie sich einer rationalen Erklärung entzieht. Sie stört die Gewohnheiten einer Welt, wo man versucht, alles zu erklären, alles in Ordnung zu bringen.»[189] Das künstlerische Schaffen, die Poesie, entzieht sich demnach einer Rationalität und muss nicht erklärt werden, sondern ist vielmehr Störfaktor. Genauso verhält es sich mit dem Rebus, dem Bilderrätsel, das er seinen Betrachter:innen aufgibt: Man kann das Blatt drehen und wenden, den Flussnamen, den Eiern und Ausweisdokumenten Bedeutung beimessen, aber eine abschliessende Erklärung gibt es nicht.

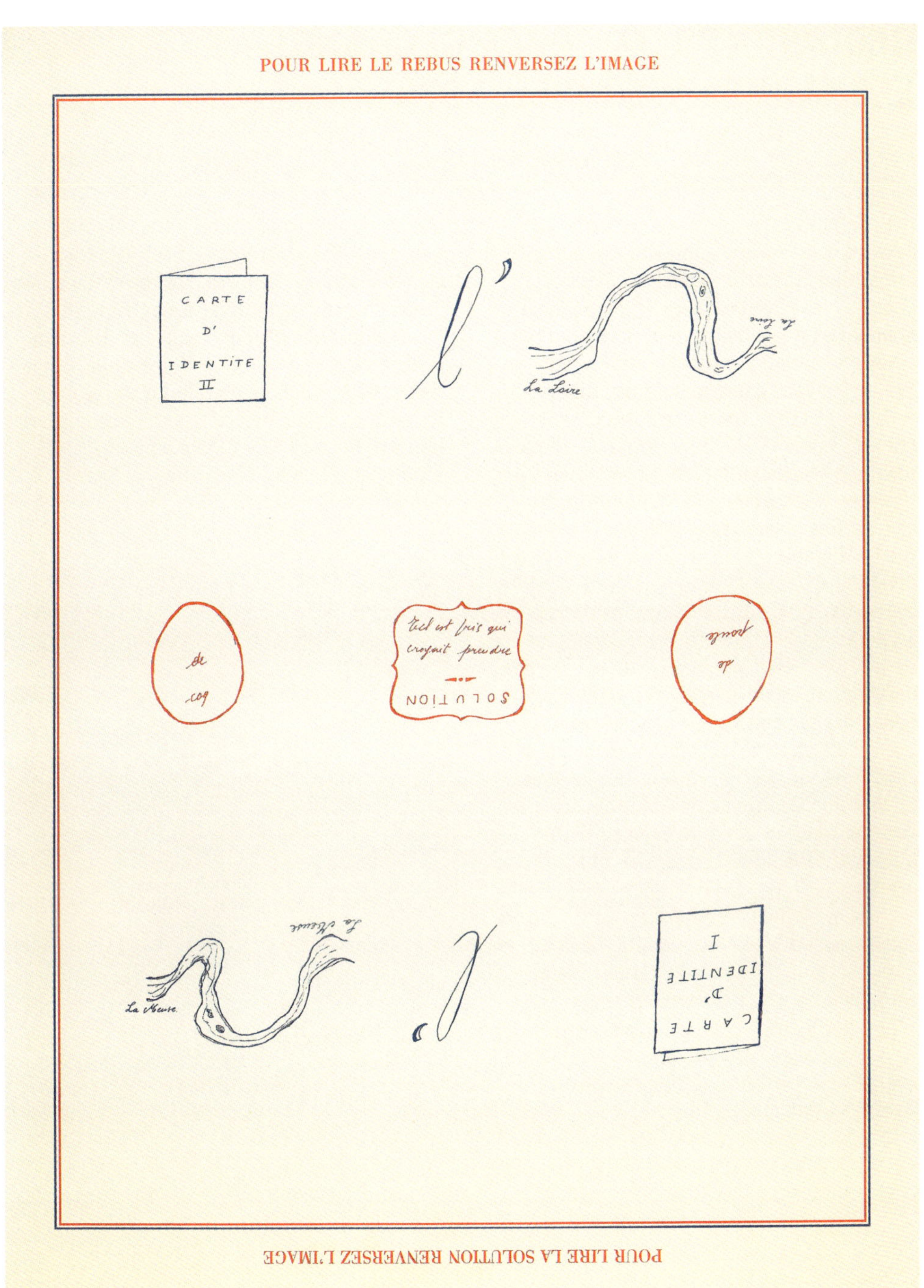

Kat. 15 Marcel Broodthaers, *Rébus*, 1973
Siebdruck in Rot und Blau auf Glanzpapier, Blattmass: 70 × 50 cm
Kunsthaus Zürich, Grafische Sammlung, Geschenk des Migros-Genossenschaftsbunds, 1982, Inv. Gr.1982/0038

GEDICHT - POEM - POÈME/CHANGE - EXCHANGE - WECHSEL, 1973

In *Gedicht – Poem – Poème / Change – Exchange – Wechsel* spielt Broodthaers mit seiner Signatur. Das erste Blatt *Gedicht – Poem – Poème* reiht sie als druckgrafische Reproduktion in Blöcken auf dem Bildträger auf. Unter jedem Absatz wird die Anzahl der sich jeweils darüber befindenden Monogramme festgehalten.[190] Der Inhalt, das im Titel genannte Gedicht, scheint zugunsten der Initialen zu fehlen. Das zweite Blatt *Change – Exchange – Wechsel* unterteilt sich im Gegensatz zum ersten in zwei Bereiche. Im oberen Teil wird die Signatur in drei Spalten angeordnet vielfach wiedergegeben, ohne dass dabei eine Anzahl vermerkt wird. Der untere Teil bringt die Monogramme dann mit verschiedenen Währungen in Verbindung, wobei unklar ist, wie die Beträge berechnet werden. Somit ist die Signatur in diesem zweiteiligen Siebdruck nicht nur einziger Bildinhalt, sondern sie baut darüber hinaus eine Relation zum Geldwert auf. Die Initialen werden in ein monetäres Wertsystem übersetzt, wobei es «M. B.», das Monogramm des Künstlers, ist, das den finanziellen Wert generiert. *Gedicht – Poem – Poème / Change – Exchange – Wechsel* kann damit als Kritik am Kunstmarkt gelesen werden, dem vorgeworfen wird, dass Namen von Künstler:innen ungeachtet der ästhetischen Qualität ihrer Werke Wert generieren. Broodthaers verweist damit auf die Arbitrarität und Subjektivität von Wertzuschreibungen.[191]

Das Werk birgt zudem einen Verweis auf das Motiv des Spiegels: Beginnt der Titel des ersten Blatts mit Deutsch, wechselt dann ins Englische und endet mit Französisch, verfährt das zweite Blatt genau umgekehrt. Die Spiegelung kann, wie auch die Zentrierung der beiden Blätter auf die Signatur, als Anspielung auf Selbstbezogenheit und Narzissmus gedeutet werden, die Broodthaers damit kritisch hinterfragt.[192]

Kat. 16 Marcel Broodthaers, *Gedicht – Poem – Poème / Change – Exchange – Wechsel*, 1973
2 Blatt, Siebdruck in Rot und Schwarz auf gelblichem Schoeller-Parole-Karton,
Blattmass: je 97,9 × 68,1 cm
Kunsthaus Zürich, Grafische Sammlung, Geschenk des Migros-Genossenschaftsbunds, 1982,
Inv. Gr.1982/0039

COMMENT VA LA MÉMOIRE ET LA FONTAINE?, 1973

Broodthaers' Gedichtband *Mon livre d'Ogre* (1957) enthält folgendes Gedicht:

Ô tristesse envol de canards sauvages
Voil d'oiseaux au grenier des forêts
Ô mélancolie aigre château des aigles

O Trübsal, Flug der Wildenten
Schändung der Vögel in der Kornkammer der Wälder
O Melancholie, brüchige Burg der Adler[193]

Diese Verse nehmen in Bezug auf die über zehn Jahre später stattfindenden Museumsinszenierungen des Künstlers eine entscheidende Rolle ein. Und auch darüber hinaus sind sie immer wieder Bestandteil seines Schaffens.[194] Borgemeister hebt die Bilder hervor, die das Gedicht evoziert. Der Moment des Auffliegens («envol») der Wildenten wird dabei direkt mit Gewalt («viol»), die den Vögeln zu drohen scheint, verbunden.[195] Broodthaers greift diese Motive im Offsetdruck *Comment va la mémoire et La Fontaine? (Wie funktioniert die Erinnerung und La Fontaine?)* auf.

Das Blatt ist in drei Teile gegliedert. Im oberen Bildfeld ist ausschnitthaft die Darstellung eines Gewehrs zu erkennen. In der Mitte ist eine Postkarte reproduziert, die auffiatternde Wildenten zeigt. Ganz unten eine Legende, die Informationen zu beiden Abbildungen bereitstellt. Neben dieser durch den Künstler vorgenommenen Anordnung der verschiedenen Bestandteile notiert Broodthaers neben der Postkarte: «Es lebe die Freiheit / Wie funktioniert die Erinnerung und La / Fontaine? Wildenten / die sich tummeln». Damit zitiert er ausschnitthaft das auf der Postkarte von fremder Hand Geschriebene: «Es lebe die Freiheit / Wie funktioniert die Erinnerung und La / Fontaine? Jeden Tag eine Kleinigkeit / Amüsiere dich gut wie die Enten / die sich tummeln».

Broodthaers deutet mit seiner Druckgrafik die erwähnten Freudensprünge der Wildenten um: In Kombination mit dem Jagdgewehr handelt es sich vielmehr um ein Aufschrecken aus Todesangst.[196] Die obere Abbildung, die Waffe, scheint die untere, die aufschreckenden Enten, zu bedingen. Der Schuss als wichtigster Moment, der die beiden Darstellungen miteinander verbindet, wird ausgespart. Das Narrativ der Darstellung entsteht erst durch das Vorstellungsvermögen des Publikums. Auch der Titel ist in Anlehnung an den Text auf der Postkarte als Frage formuliert: *Wie funktioniert die Erinnerung und La Fontaine?* Erinnern sich die Betrachter:innen, scheint Broodthaers damit zu fragen, an die Erzählung La Fontaines? Hildebrand-Schat verknüpft die Erwähnung von «mémoire» mit der Textgattung der Fabel an sich: Die Erinnerung spielt lange Zeit eine wichtige Rolle in Bezug auf die Tradierung der mündlich überlieferten Texte – nämlich bis zu dem Moment, in dem sie, beispielsweise durch La Fontaine, schriftlich festgehalten werden.[197]

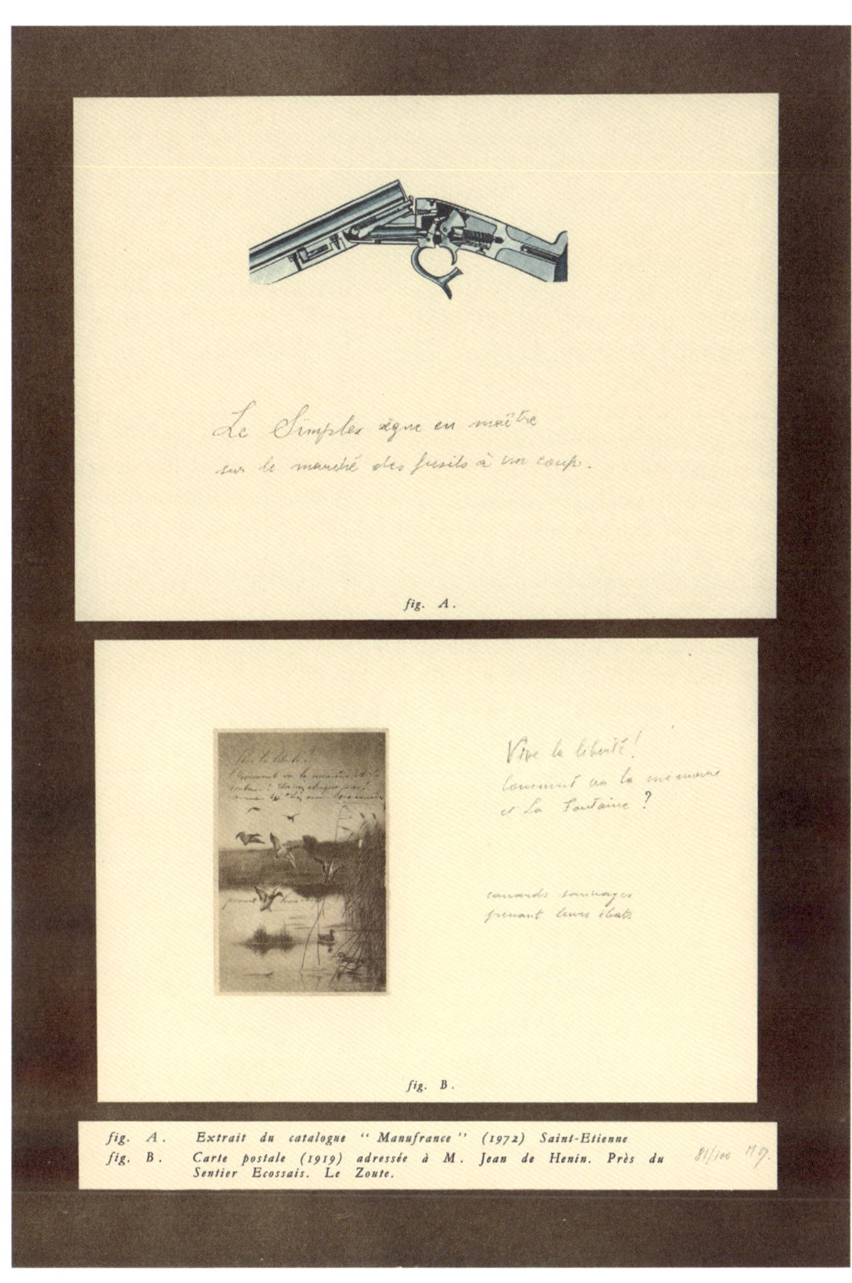

Kat. 17 Marcel Broodthaers, *Comment va la mémoire et La Fontaine?*, 1973
Offsetdruck in Farbe auf crèmefarbigem Papier, Blattmass: 64,4 × 43,5 cm
Kunsthaus Zürich, Grafische Sammlung, Geschenk des Migros-Genossenschaftsbunds, 1982, Inv. Gr.1982/0040

CITRON – CITROEN, 1974

Das grossformatige Blatt *Citron – Citroen* ist in zwei Teile gegliedert: Oben, mit «1.» gekennzeichnet, sind Darstellungen zum Thema Fisch-, Muschel- und Krabbenfang mit zugehörigen Schautafeln zu sehen. Eine Legende bezeichnet die einzelnen Meerestiere jeweils auf Französisch und Flämisch. Der untere, kleinere Teil «2.» gibt den Titel des Blatts in Gelb auf blauem Grund wieder. So ist dort «citron», das französischsprachige Wort für Zitrone, neben «citroen», dem flämischen Pendant, abgedruckt. Dieser untere Teil hebt sich grafisch deutlich vom oberen ab.

Broodthaers erinnert mit diesem Werk an schulische Kontexte. Das Blatt gemahnt Betrachter:innen in den 1970er-Jahren vermutlich an didaktische Schautafeln. Anders als bei *Les Animaux de la ferme* (Kat. 21) belässt der Künstler die Legende im oberen Teil mit ihren korrekten Informationen. Lediglich der Zusatz «citron – citroen» hat keinen eindeutigen Referenten, auf den er sich beziehen könnte.[198] Fraglich ist, warum Broodthaers die Zitrone ergänzt. Gehört sie zu den Muscheln, als Verweis auf eine Zubereitungsart? Und warum heisst es links oben «Réclame pour la Mer du Nord»? Sollen sich die Betrachter:innen an ihre eigenen Ferien am Meer erinnern? Broodthaers liefert in seinem Werk keinerlei Antworten auf diese Fragen. Lediglich der Hinweis auf die Muschel hilft beim Verständnis der Druckgrafik. So spielt die Muschel eine zentrale Rolle im Schaffen des Künstlers. Broodthaers arbeitet mit dem Gleichklang der Wörter «la moule» («die Muschel») und «le moule» («die Gussform», «die Leerform»).[199] Der Umgang mit dem Motiv der Muschel im Sinne einer Leerform, die mit Inhalt zu füllen ist, beschreibt Broodthaers 1964 in einem Gedicht:

La Moule
Cette roublarde a évité la moule de la société.
Elle s'est coulée dans le sien propre.
D'autres, ressemblantes, partagent avec elle l'anti-mer.
Elle est parfaite.

Die Muschel
Das schlaue Ding entzog sich der Form, welche
die Gesellschaft vorgibt.
In ihrer Schale fand sie die zu ihr passende.
Andere, die ihr ähneln, teilen sich mit ihr das Anti-Meer.
Sie ist perfekt.[200]

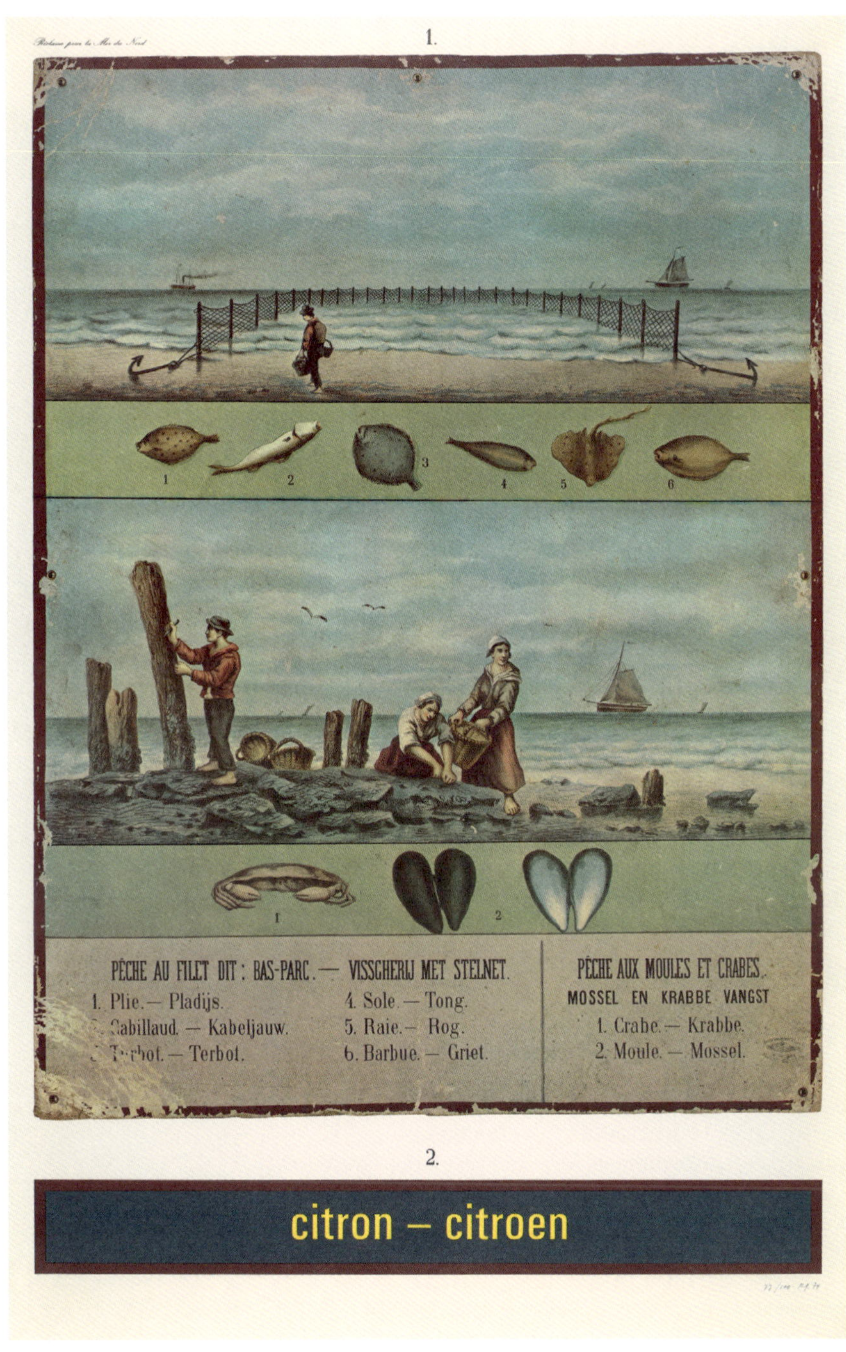

Kat. 18 Marcel Broodthaers, *Citron – Citroen. Réclame pour la Mer du Nord,* 1974
Offsetdruck in Farbe und Siebdruck in Farbe auf Papier, Blattmass: 104,6 × 65,8 cm
Kunsthaus Zürich, Grafische Sammlung, Geschenk des Migros-Genossenschaftsbunds, 1982, Inv. Gr.1982/0041

LE MANUSCRIT TROUVÉ DANS UNE BOUTEILLE, 1974

Das Werk *Le Manuscrit trouvé dans une Bouteille (Das Manuskript in der Flasche)* fällt aufgrund seiner Materialität und Dreidimensionalität innerhalb der Grafikeditionen auf. So besteht die dreiteilige Arbeit neben einer Druckgrafik aus einer Flasche und einem bedruckten Flaschenkarton. Unterschiedliche Formen der Präsentation sind bei dieser Arbeit möglich: Die Flasche kann in die Druckgrafik eingewickelt entweder im Karton verpackt oder aber auch daneben gezeigt werden. Auch ist es zulässig, alle drei Elemente nebeneinander zu platzieren. Diese verschiedenen Präsentationsformen unterstützen die Thematik des Werks: Im vollständig verpackten Zustand können Betrachter:innen noch über den verborgenen Inhalt rätseln. Ausgepackt wird hingegen offensichtlich, dass das Manuskript, das im Titel erwähnt wird, fehlt. Dass die Flasche nicht verkorkt ist,[201] verstärkt den Hinweis auf diese Leerstelle. Auch die Druckgrafik liefert in ihrer dreisprachigen Erklärung keinen Hinweis auf den Verbleib des Manuskripts: «Das Objekt: Eine gewöhnliche Bordeauxflasche. Im ersten Drittel unterhalb des Flaschenhalses sind die Worte ‹Das Manuskript› und die Jahreszahl ‹1833› in einem lichten Schwarzton eingebrannt.» Darunter wird hinzugefügt: «Das Subjekt: Ist die Erzählung von Edgar Allan Poe ‹Das Manuskript in der Flasche›, 1833 zum ersten Mal in Baltimore in einer Zeitung veröffentlicht.» Broodthaers selbst nimmt hier eine Trennung von Objekt, dem Gegenstand, und Subjekt, der Erzählung, vor. Doch wo ist das Manuskript, das laut Titel in einer Flasche gefunden wird? Wichtig ist, darauf hinzuweisen, dass es «une Bouteille», also «eine Flasche», und nicht zwangsläufig diese ist, in der sich das Schriftstück befunden haben soll.

Broodthaers spielt darüber hinaus nicht nur mit der Abwesenheit des Werksujets, sondern auch mit dem Widerspruch, dass ein Manuskript ein handschriftliches Zeugnis einer Person ist und diese Edition in einer Auflage von 120 Stück erscheint.[202] Damit wird auch die Frage der Autorschaft offenbar: Der eigentliche Urheber, der Verfasser des Manuskripts, ist abwesend. Auf Poe, der den Text *MS. Found in a Bottle* geschrieben hat, bezieht sich Broodthaers zwar direkt, aber auch dessen Text fehlt. Der auf der Druckgrafik angegebene Hinweis, dass die Flasche «am grünen Strand der Spree» entdeckt wird, greift wiederum das Thema der Autorschaft auf. Das Buch *Am grünen Strand der Spree – So gut wie ein Roman* des Schriftstellers Scholz, den Broodthaers nicht namentlich erwähnt, zeigt ein ebenfalls komplexes Gefüge verschiedenster Erzähler.[203]

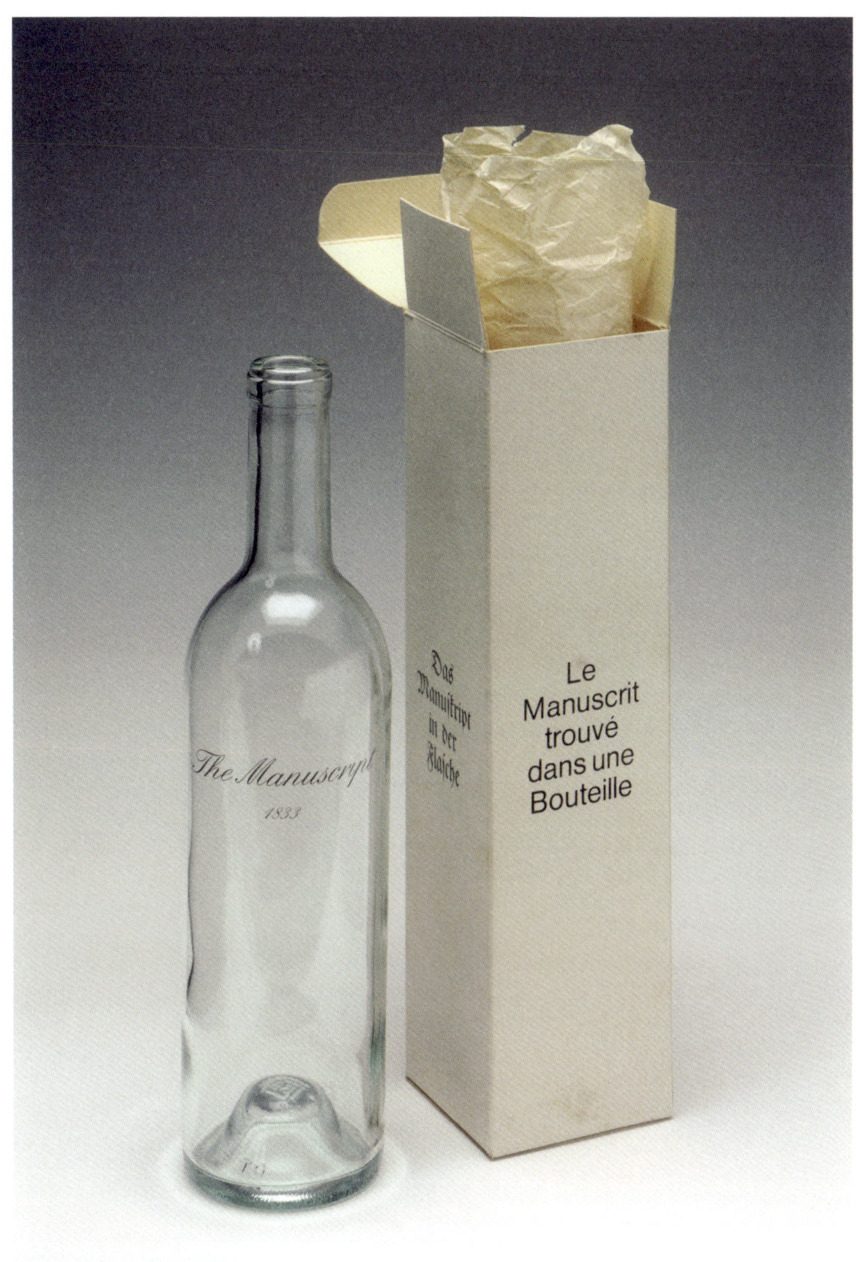

Kat. 19

Marcel Broodthaers, *Le Manuscrit trouvé dans une Bouteille,* 1974
Bedruckte Flasche aus klarem Glas mit einer Druckgrafik in Schwarz auf Seidenpapier und einem bedruckten Flaschenkarton, Flaschenmass: 30 × 7 cm (Durchmesser), Blattmass: 49,5 × 36,5 cm, Kartonmass: 30,2 × 7,8 × 7,8 cm
Privatbesitz Marie-Puck Broodthaers und Kunsthaus Zürich, Grafische Sammlung, Geschenk des Migros-Genossenschaftsbunds, 1982, Inv. Gr.1982/0042

LA SOURIS ÉCRIT RAT (À COMPTE D'AUTEUR), 1974

La souris écrit rat (à compte d'auteur) (Die Maus schreibt Ratte [auf Kosten des Autors]) zeigt unten rechts zwei Arme und Hände, die die Form einer Katze imitieren. Links oben erscheint als daraus resultierendes Schattenspiel die Figur einer Katze, die detaillierter ausgeführt ist. Die Abbildung der Hände sowie der Katze übernimmt Broodthaers aus dem 1880 publizierten Buch *Les Silhouettes à la main* von R. Théo.[204] Broodthaers fügt dieser Darstellung druckgrafisch oben mittig den Titel «La souris écrit rat» hinzu. Darüber hinaus versieht er die Katze per Hand mit Schnurrhaaren und kommentiert unten rechts: «à compte d'auteur».

Doch wer ist hier der Autor, scheint Broodthaers zu fragen. Bild und Abbild, Hände und Schattenwurf, entsprechen sich nicht, da der Schatten ausführlicher ist als das, was die Hände zu formen vermögen. Zudem lässt die Hinzufügung der Schnurrhaare die Katze lebendiger und eigenständig erscheinen.[205] Hildebrand-Schat beschreibt diese Beziehung als logischen Bruch.[206] Letztlich sind verschiedene Autorschaften möglich: Der Mensch, der mit seinen Händen das Bild der Katze formt, der Künstler, der die Schnurrhaare hinzufügt, Théo, aus dessen Buch die Darstellung stammt, «M. B.», der das Blatt signiert, oder gar die Maus, die laut Titel «auf Kosten des Autors» schreibt.

Broodthaers greift damit die spielerische Idee auf, die hinter der Seite aus Théos Buch steckt: Diese zeigt eine Beschäftigung, eine Form des Zeitvertreibs, die ohne jegliche materielle Mittel auskommt. Der Künstler lässt die Grafikedition zu einem Gedankenspiel werden.

Kat. 20 Marcel Broodthaers, *La souris écrit rat (à compte d'auteur)*, 1974
Hochdruck in Schwarz und Feder in Rot auf Papier, Blattmass: 76,3 × 56,8 cm
Kunsthaus Zürich, Grafische Sammlung, Geschenk des Migros-Genossenschaftsbunds, 1982, Inv. Gr.1982/0043

La souris écrit rat

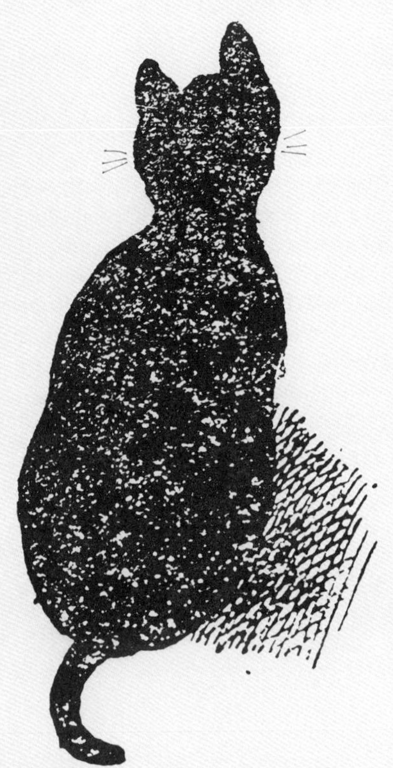

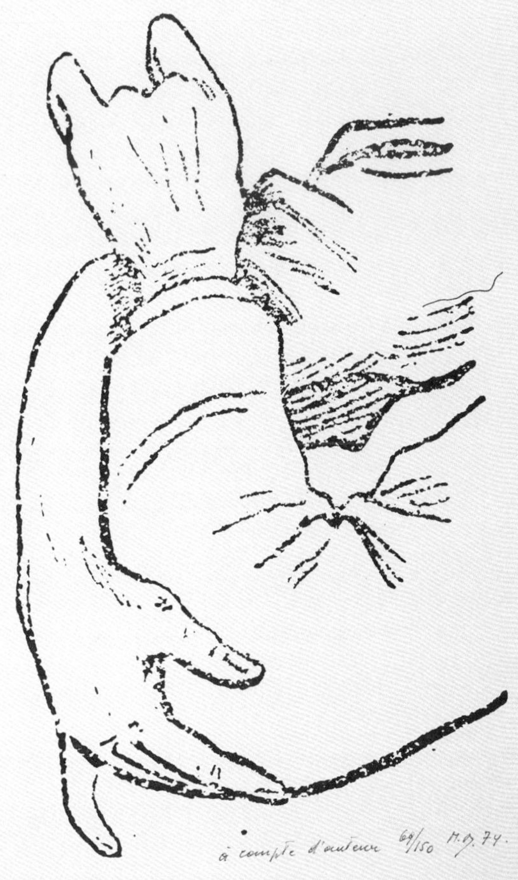

à compte d'auteur 69/150 M.D. 74.

LES ANIMAUX DE LA FERME, 1974

Der Offsetdruck *Les Animaux de la ferme (Die Tiere des Bauernhofs)* zeigt auf zwei Blättern verschiedene Rinderrassen. Das linke, als «Tableau A» bezeichnete Blatt reiht Kühe, das rechte, mit «Tableau B» betitelte, Stiere in je fünf Zeilen auf. Unter den einzelnen in Seitenansicht dargestellten Rindern ist jeweils eine Automarke vermerkt, beispielsweise «BMW», «Fiat» oder «Volkswagen». Auf beiden Druckgrafiken ist der Titel *Les Animaux de la ferme* oben mittig in Majuskeln platziert. Der Zusatz «Enseignement agricole» lässt vermuten, dass Broodthaers sich hier einer bereits existierenden Quelle bedient. Der Hinweis «Neuauflage von Marcel Broodthaers», den der Künstler ganz unten anfügt, verdeutlicht dies.

Der Verweis auf den landwirtschaftlichen Unterricht betont den didaktischen Kontext, dem die Darstellungen der Rinder entnommen zu sein scheinen. Broodthaers spielt dadurch mit den Sehgewohnheiten seines Publikums, das ähnliche Abbildungen möglicherweise aus der Schule kennt. Gleichzeitig fügt er ein ironisches Moment ein, indem das Dargestellte nicht mit der Beschreibung, den Automarken, übereinstimmt. Spielerisch kann nach Analogien zwischen Auto und Rind gesucht werden. Vergleichbar ist dies mit Objektschildern in Ausstellungen Broodthaers', die in die Irre führen.[207] Die eigentlich zur Orientierung der Betrachter:innen gedachten Informationen stellen dabei keinen Inhalt bereit. Bezeichnendes und Bezeichnetes stimmen nicht überein.[208] Letztlich lenkt Broodthaers durch seine irreführende Beschreibung den Blick auf das Wesentliche: Was genau ist zu sehen? Kunst tritt damit in unmittelbare Interaktion mit ihren Betrachter:innen. Gleichzeitig handelt es sich um einen Appell, Informationen und althergebrachte Strukturen zu hinterfragen und ihnen mit einem kritischen Blick entgegenzutreten.[209]

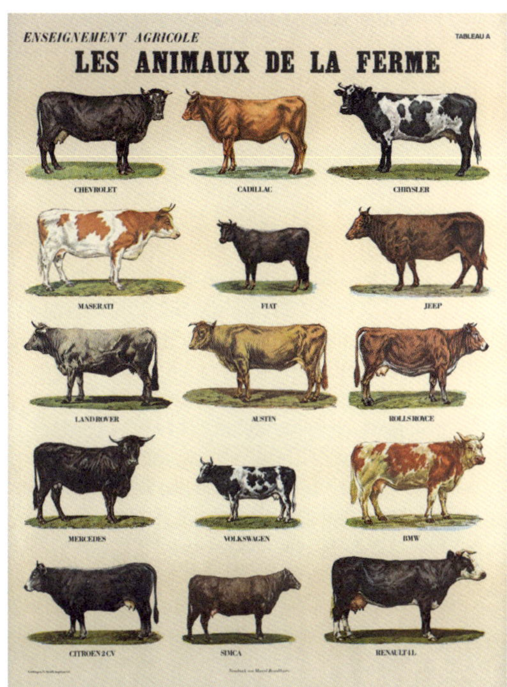

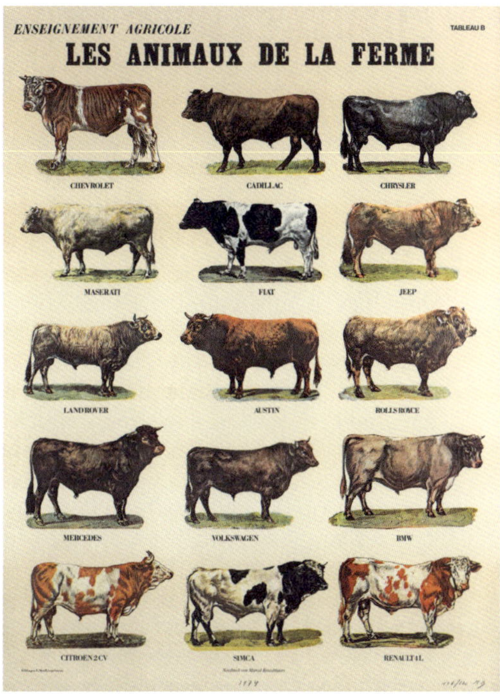

Kat. 21 Marcel Broodthaers, *Les Animaux de la ferme,* 1974
2 Blatt, Offsetdruck in Farbe auf Schoeller-Parole-Karton, Blattmass: je 82 × 60,2 cm
Kunsthaus Zürich, Grafische Sammlung, Geschenk des Migros-Genossenschaftsbunds, 1982,
Inv. Gr.1982/0045

COMÉDIE, 1974

Die Offsetlithografie *Comédie (Komödie)* ist spielerisch angelegt: Insgesamt 16 kleine Bildfelder sind in regelmässigen Abständen auf dem Blatt verteilt, wobei die unterste von insgesamt vier Reihen mit einem etwas grösseren Abstand zu den anderen dargestellt wird. Die Motive der einzelnen Bilder wiederholen sich, zum Teil gespiegelt oder in einer anderen Farbe. Ein System ist dabei nicht erkennbar.[210] Über diesen 16 Bildfeldern vermerkt Broodthaers den Titel des Blatts, *Comédie*, einmal in feinen Umrisslinien, einmal in vollflächig ausgefüllten Lettern. Mittig durchtrennt der Schriftzug «Hôtel du Grand Miroir» das Blatt, wobei auf eine Fussnote hingewiesen wird, in der zu lesen ist: «Im Jahr 1864 wohnte Charles Baudelaire im Hôtel du Grand Miroir in Brüssel». Weitere Textbestandteile durchziehen die Offsetlithografie. So wechseln sich die kleinen Abbildungen auf der linken Seite mit folgenden kurzen Sätzen ab: «Narziss schläft», «Es schlägt Mitternacht», «Narziss träumt», «Narziss erwacht» und erneut «Narziss erwacht». Auf der rechten Seite wird hingegen fünfmal der Name des Hotels wiederholt.

Das Motiv des Spiegels kommt mehrfach vor. Der Name des Hotels beinhaltet ihn, der das Blatt mittig teilende Schriftzug bildet eine Spiegelachse und auch die einzelnen Abbildungen behandeln das Thema auf verschiedene Arten, wie zum Beispiel die Rückenfigur in Magrittes in klein reproduziertem Gemälde *La Reproduction interdite* (1937, Museum Boijmans Van Beuningen, Rotterdam). Broodthaers verweist mit seinem Text zudem direkt auf Narziss, der seinem Spiegelbild verfällt, und verbindet damit die Offsetlithografie mit Narzissmus und Selbstbezogenheit.[211] Letztlich wird Baudelaire, dessen Name in der Fussnote genannt wird, ebenfalls damit konfrontiert. Hildebrand-Schat zufolge sind sowohl Baudelaire als auch Narziss Gescheiterte. Narziss, weil er nicht erkennt, dass sein Gegenüber nur sein eigenes Spiegelbild ist, und Baudelaire, weil er äusseren Einflüssen gegenüber unzugänglich bleibt.[212] In seiner Verachtung der Öffentlichkeit und seinem selbstgewählten Ausschluss aus der Gesellschaft sieht der Dichter nicht, dass er für diese Situation eigens verantwortlich ist. Broodthaers kommentiert deshalb handschriftlich unten rechts: «Drame».[213] Baudelaire dient dem Künstler als idealer Bezugspunkt für die Hinterfragung von Selbstbezogenheit und Narzissmus.

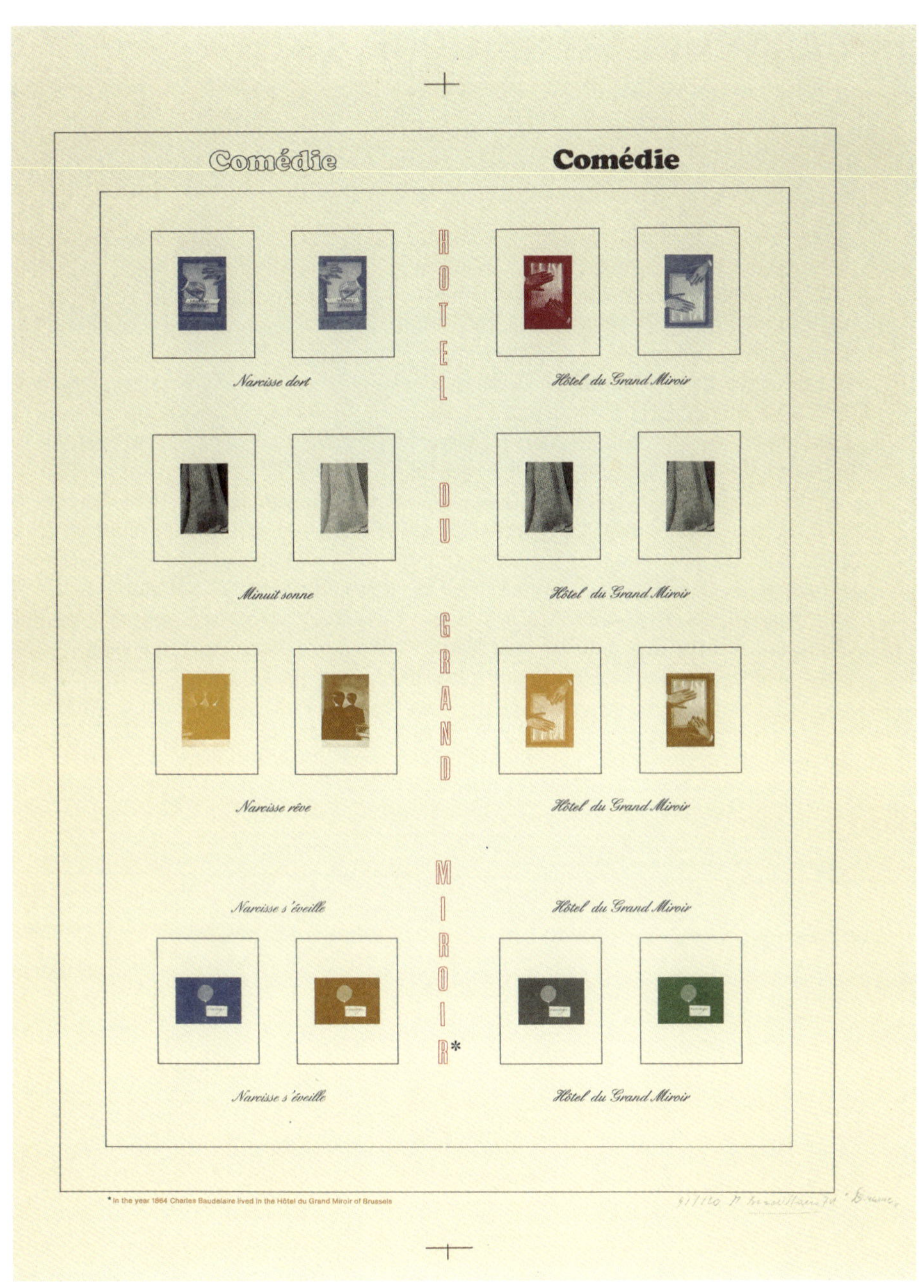

Kat. 22 Marcel Broodthaers, *Comédie*, 1974
Offsetlithografie in Farbe auf Papier, aufgezogen auf Karton, Blattmass: 63,5 × 45,6 cm
Kunsthaus Zürich, Grafische Sammlung, Geschenk des Migros-Genossenschaftsbunds, 1982,
Inv. Gr.1982/0046

GARNITURE SYMBOLIQUE, 1975

Garniture Symbolique (Symbolische Reihe) ist eines der beiden fotografischen Werke, die Teil der Grafikeditionen sind.[214] Auf einem ursprünglich grau-blau getönten Fotostreifen sind auf Hochglanzpapier neun Einzelaufnahmen zu sehen.[215] Sie zeigen Textfragmente aus Stéphane Mallarmés *Un coup de dés jamais n'abolira le hasard* (1897). Dieses Werk zeichnet sich dadurch aus, dass die lineare Lesestruktur aufgehoben ist, indem der Text nicht in üblichen Blöcken und Absätzen auf den Seiten positioniert ist. Auch variiert Mallarmé die Schriftgrösse seiner Verse.[216] Durch diese gestalterischen Eingriffe fügt Mallarmé seinem Text eine weitere Ebene hinzu, die Hildebrand-Schat mit einer Partitur vergleicht.[217] Broodthaers wiederum setzt sich in *Garniture Symbolique* mit Mallarmés Text auseinander. Er trifft eine bruchstückhafte Auswahl, die er zum Teil kopfüber auf seinem Fotostreifen abbildet. Die verschiedenen Schriftgrössen und die bei Mallarmé verwendete Typografie spiegeln sich in dieser fragmentarischen Rezeption Broodthaers' wider. Doch was macht den Text Mallarmés so besonders, dass Broodthaers sich derart intensiv mit ihm beschäftigt?

Mallarmé ist für Broodthaers eine der Figuren, die die Moderne begründen. In seiner experimentelle Poesie ist der Text nicht mehr nur Träger einer vorab gegebenen Bedeutung, sondern er überlässt den

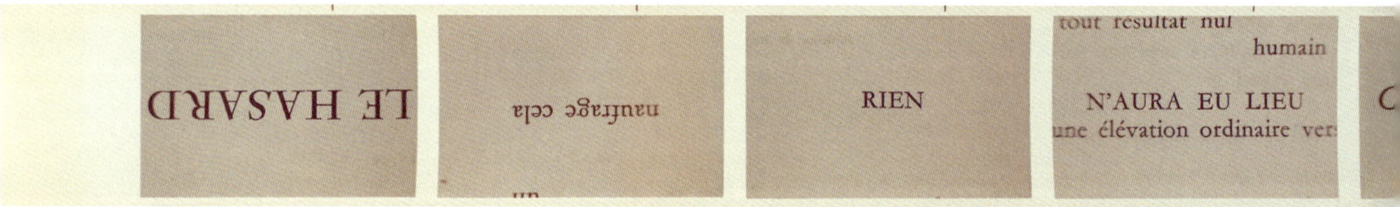

Worten die Möglichkeit, ihre sinnschöpfende Kraft zurückzuerlangen. Die grosse Bewunderung des Künstlers für Mallarmé hat ihren Anfang, als Magritte dem damals zwanzigjährigen Broodthaers Mallarmés *Un coup de dés jamais n'abolira le hasard* schenkt.[218] Broodthaers setzt sich nicht nur in der Grafikedition *Garniture Symbolique* mit Mallarmés Gedicht auseinander, sondern hat bereits sechs Jahre zuvor mit *Un coup de dés jamais n'abolira le hasard. Image* (1969) ein Künstlerbuch publiziert, das ebendiesen Text entscheidend abwandelt: Das Gedicht selbst wird in das Vorwort verschoben und die eigentlichen Textseiten sind überall dort mit schwarzen Balken gefüllt, wo sich in der Originalausgabe Verse befinden.[219] Er bemerkt dazu: «Was die Vorstellung eines direkten Zusammentreffens zwischen Literatur und Kunst angeht, glaube ich dies verwirklicht zu haben, indem ich den Coup de Dès von Mallarmé bearbeitet habe.»[220]

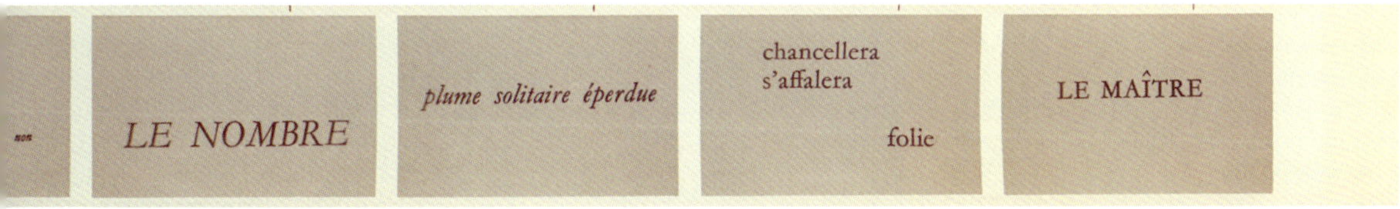

LE NOMBRE

plume solitaire éperdue

chancellera
s'affalera
folie

LE MAÎTRE

Kat. 23 Marcel Broodthaers, *Garniture Symbolique*, 1975
Getönter Hochglanzfotostreifen mit 9 Fotografien auf Hochglanzpapier, Blattmass: 8,9 × 126,5 cm, Kunsthaus Zürich, Fotosammlung, Geschenk des Migros-Genossenschaftsbunds, 1982, Inv. Gr.1982/0047

LA SOUPE DE DAGUERRE, 1975

La Soupe de Daguerre (Daguerres Suppe) ist das zweite der beiden fotografischen Werke Broodthaers' innerhalb der Gruppe der Grafikeditionen.[221] Zwölf Hochglanz-Farbfotografien setzt der Künstler dabei in vier Zeilen und drei Spalten angeordnet in ein Papier ein. Die oberen sechs Fotografien zeigen Tomaten, wobei zwei Motive jeweils zweimal vorkommen. In der dritten Zeile werden verschiedene Gemüsesorten dargestellt und die unterste Reihe bildet Fische ab, wobei es sich beim ersten und zweiten Foto erneut um eine Wiederholung handelt. Broodthaers untertitelt das Werk mit einem gedruckten Etikett, auf dem in schlanker, geschwungener Schrift zu lesen ist: «La Soupe de Daguerre». Damit verweist der Künstler auf Louis Daguerre, den Erfinder der Daguerreotypie, des ersten kommerziell nutzbaren fotografischen Verfahrens.[222]

Daguerre ist Erfinder der Gattung Fotografie, zu der das Werk Broodthaers' mit den zwölf Einzelfotografien zu zählen ist. Der Künstler präsentiert Nahrungsmittel wie Fisch und Gemüse, die gemeinsam zu einer Suppe gekocht werden können. Diese Verarbeitung zeigt er jedoch nicht – hier sind die Betrachter:innen gefordert: Sie lassen die Suppe, auf die das an Einmachgläser erinnernde Etikett verweist,[223] mithilfe der abgebildeten Lebensmittel in ihrem Kopf entstehen. Das fertige Produkt kann korrekt etikettiert werden, sobald die Denkleistung vollbracht ist. Gleichzeitig spielt Broodthaers mit dem Medium der Fotografie, die Wirklichkeit zwar abbilden kann, selbst aber nicht Wirklichkeit ist.[224] So kann man mit den Abzügen selbst keine Suppe kochen, weshalb der Genuss des Gerichts dem Publikum verwehrt bleibt. Es handelt sich demnach um Daguerres Suppe.

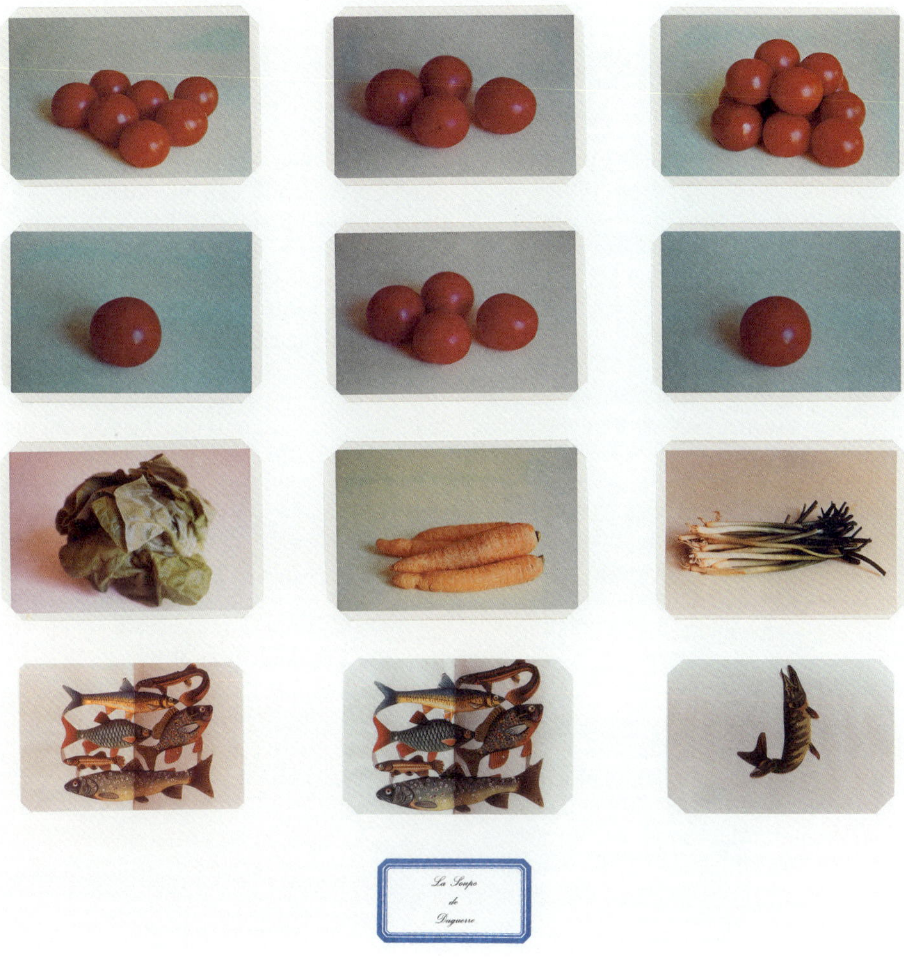

Kat. 24 Marcel Broodthaers, *La Soupe de Daguerre*, 1975
12 kleinformatige Fotografien auf Hochglanzpapier, eingesetzt in Papier mit einem Etikett in Siebdruck in Schwarz und Blau, aufgezogen auf Karton, Blattmass: 52,6 × 51,5 cm
Kunsthaus Zürich, Fotosammlung, Geschenk des Migros-Genossenschaftsbunds, 1982, Inv. Gr.1982/0048

ATLAS, 1975

Broodthaers' *Atlas* zeigt die Verknüpfung von Grafikeditionen und Büchern in seinem Œuvre besonders deutlich. Bei dem Offsetdruck handelt es sich um eine Nachbildung eines Druckbogens für das kleinformatige Künstlerbuch *La Conquête de l'espace. Atlas à l'usage des artistes et des militaires* (*Die Eroberung des Raums. Atlas für den künstlerischen und militärischen Gebrauch,* 1975). Auf dem Blatt befinden sich unter dem in schlanker, geschwungener Schrift gedruckten Titel die in zweimal vier Reihen geordneten Seiten des Buchs. Im Buch, und damit auch auf dem Druckbogen, wird nach dem Titel zunächst die nördliche und die südliche Hemisphäre abgebildet. Anschliessend präsentiert Broodthaers in alphabetischer Reihenfolge eine Auswahl von 32 Ländern, von A wie Andorra bis Z wie Zaire (heute Kongo). Auf welchen Kriterien diese Auswahl basiert, ist unklar. Pro Seite stellt der Künstler je ein Land in seiner räumlichen Ausdehnung dar. Den Umriss des Territoriums füllt er dabei wie bei einem Schattenriss komplett mit schwarzer Farbe aus. Auffällig ist, dass alle Staaten auf die ganze jeweilige Seite ausgedehnt werden, was zur Folge hat, dass sie nicht in ihrer tatsächlichen Grössenrelation zueinander gezeigt werden, sondern alle denselben Raum beanspruchen. Wertigkeiten der Länder in Bezug auf ihre Grösse werden damit aufgehoben und neu verteilt. So erscheint Liechtenstein beispielsweise viel wuchtiger als Japan, was in keiner Weise der tatsächlichen räumlichen Ausdehnung der beiden Staaten entspricht. Die eigentlichen Funktionen der Kartografie, die Massstabstreue und die Herstellung eines geografischen Konnex', gehen bei Broodthaers verloren.[225] Deutlich zeigt sich der ironische Blick des Künstlers auch etwa im mit einer Streichholzschachtel vergleichbaren Format des Buchs, das sich in der Druckgrafik widerspiegelt. Durch diesen bewusst gewählten winzigen Massstab und die Auflösung der räumlichen Hierarchien der Länder untereinander nivelliert Broodthaers politische Aspekte.[226] Es handelt sich um einen Aufruf des Künstlers, Wertigkeiten und sie bedingende Strukturen zu hinterfragen und nicht einfach als gegeben hinzunehmen. Die Grafikedition verdoppelt diesen Aspekt: Sie wirft zusätzlich einen kritischen Blick auf die Form des Atlas' als Wissen vermittelndes Buch, indem sie ihn in seiner Konstruiertheit darlegt.

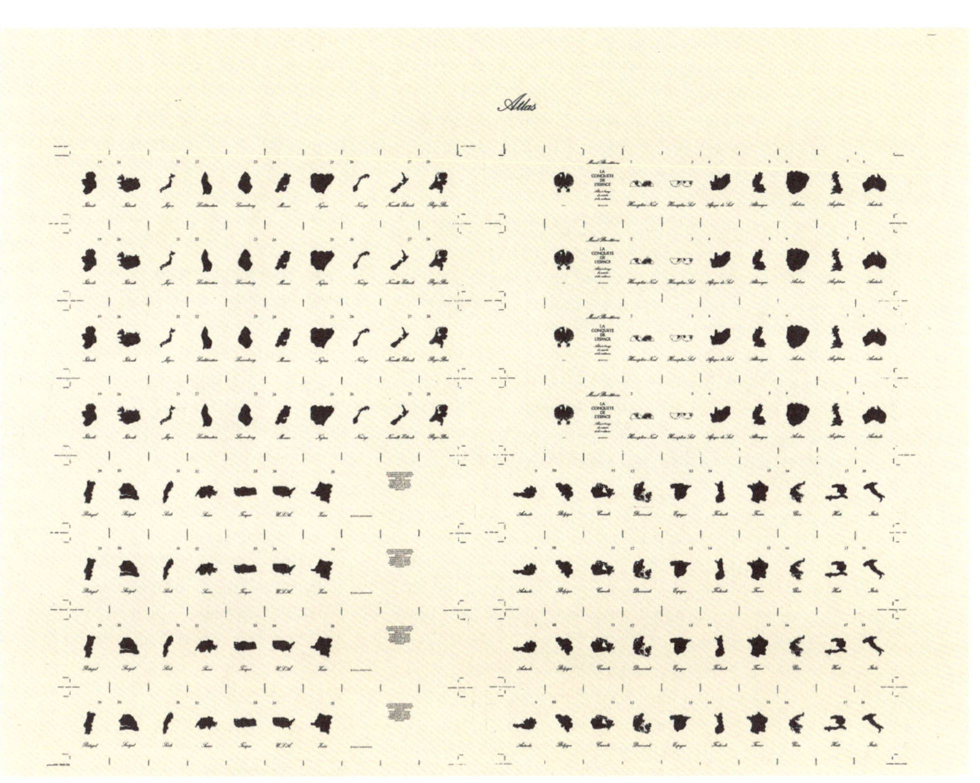

Kat. 25 Marcel Broodthaers, *Atlas,* 1975
Offsetdruck in Schwarz auf Papier (vergé, Ingres), Blattmass: 48,9 × 62,9 cm
Kunsthaus Zürich, Grafische Sammlung, Geschenk des Migros-Genossenschaftsbunds, 1982,
Inv. Gr.1982/0049

1 Vgl. ICOM 2022.

2 Vgl. Heesen 2012, S. 20–21; Walz 2016, S. 8–9.

3 Vgl. König 2011, S. 36; Thurmann-Jajes 2015, S. 14.

4 Bott 1970.

5 Baur 2020.

6 Vgl. Griesser-Stermscheg u. a. 2020, S. 18–19.

7 Vgl. Gevaert/Gilissen 1989, S. 122–123; Thurmann-Jajes 2015, S. 9. 1964 stellt Broodthaers erstmals als bildender Künstler aus, als er sein erstes künstlerisches Objekt erstellt, indem er die Restauflage seines Gedichtbands *Pense-Bête* (*Denkzettel*, 1964) in Gips setzt. Michael Compton setzt den Beginn seiner künstlerischen Arbeit jedoch bereits 1957 mit seinem ersten Film, *La Clef de l'Horloge (Der Schlüssel der Uhr)*, sowie seinem ersten Künstlerbuch, *Mon Livre d'Ogre (Mein Menschenfresserbuch)*, an (vgl. Compton 1980, S. 14; Thurmann-Jajes 2015, S. 9).

8 Vgl. Lemmens/Stommels 2015, S. 6; Thurmann-Jajes 2015, S. 9; Zwirner 1992, S. 6.

9 Vgl. Compton 2020, S. 28–29; Marcadé 2013, S. 28; siehe auch S. 8 in der vorliegenden Publikation.

10 Broodthaers 1972a, S. 98; siehe auch S. 32–35 in der vorliegenden Publikation.

11 Vgl. Bachofen-Moser 1983, S. 84.

12 Vgl. Nobis 1996, S. 9. Mit 21 Stück entsteht ein Grossteil der 26 Werke ab 1972.

13 Ausführungen zu allen 25 in der Grafischen Sammlung des Kunsthaus Zürich vorhandenen Grafikeditionen sind im Katalogteil dieser Publikation zu finden. Insgesamt zählt die Werkgruppe 26 Arbeiten. *Paysage d'automne* (*Herbstlandschaft*, 1973) stellt dabei einen Sonderfall dar, da das Werk zwar ursprünglich 140-mal produziert wird, Broodthaers sich dann jedoch entscheidet, die gesamte Auflage als ein Stück zu verkaufen. Es existieren ausserdem zwei Artist's Prints und ein weiterer Abzug (vgl. Ceuleers 2012, S. 42; Sailer 2020a, S. 434).

14 Vgl. Thurmann-Jajes 2015, S. 9, 12–13.

15 Broodthaers 1976, S. 162–163.

16 Vgl. Borja-Villel 2021, S. 28; Gevaert/Gilissen 1989, S. 123.

17 Broodthaers 1972b, S. 104.

18 Broodthaers 1973a, S. 20.

19 Vgl. Borgemeister 2003, S. 72; Gludovatz 2006, S. 180. Duchamp kippt ein handelsübliches Urinal um neunzig Grad, fügt Datierung und Signatur hinzu und betitelt es als *Fontaine* (1917, Original verschollen) (vgl. Compton 2020, S. 35–36).

20 Broodthaers 1972c, S. 13.

21 Vgl. Thurmann-Jajes 2015, S. 11. Nicht signiert sind Anne Thurmann-Jajes zufolge lediglich die Arbeiten, die kurz vor Broodthaers' Tod entstehen. Diese sowie einige posthum veröffentlichte Werke sind mit dem Nachlassstempel «Estate M. Broodthaers» versehen (vgl. ebd., S. 11).

22 Vgl. Gludovatz 2006, S. 185–186.

23 Jan Ceuleers zufolge sind nur drei der sechzig Exemplare handschriftlich signiert (vgl. Ceuleers 2012, S. 14).

24 Vgl. Metz 2007, S. 101.

25 Vgl. Friling 2021a, S. 342.

26 Vgl. Gludovatz 2006, S. 180.

27 Broodthaers 1970b, S. 127. Übers. nach: Broodthaers 1970a, S. 325.

28 Vgl. Friling 2021a, S. 342.

29 Vgl. Hildebrand-Schat 2012, S. 99. Nach seinem Aufenthalt in Belgien schreibt Baudelaire mit *Pauvre Belgique* (begonnen im Jahr 1864) eine unvollendet gebliebene Schmähschrift über das Land. Während seiner Zeit in Brüssel lebt der Dichter im Hôtel du Grand Miroir, wo er Briefe verfasst, die von Selbstbezogenheit und seiner Enttäuschung über die Teilnahmslosigkeit ihm und seinem Werk gegenüber zeugen. Broodthaers setzt sich mit Baudelaires Text in seinem Künstlerbuch *Charles Baudelaire. Pauvre Belgique* (*Charles Baudelaire. Armes Belgien*, 1974) auseinander (vgl. Borgemeister 2003, S. 68; Marcadé 2013, S. 25). Siehe Kat. 22 in der vorliegenden Publikation.

30 Vgl. und zit. nach: Broodthaers 1973a, S. 20.

31 Zit. nach: Borgemeister 2003, S. 66.

32 Broodthaers 1969a, S. 75–76.

33 Vgl. Bruyn 1998, S. 171. Im Film *Une seconde d'éternité (D'après une idée de Charles Baudelaire)* wird dies besonders deutlich, da er in Dauerschleife abgespielt wird (vgl. Gludovatz 2006, S. 175, 178).

34 Vgl. Gludovatz 2006, S. 179.

35 Buren 1995, S. 43.

36 Vgl. Mackert 2008, S. 42–43.

37 Vgl. Bachofen-Moser 1983, S. 86.

38 Vgl. Friling 2021a, S. 350; Thurmann-Jajes 2015, S. 14; Zwirner 1992, S. 36.

39 Vgl. Metz 2007, S. 164.

40 Vgl. Zwirner 1992, S. 36.

41 Wo nicht anders angegeben, handelt es sich bei Übersetzungen von Zitaten um Übers. d. Verf.

42 Vgl. Sailer 2020b, S. 500.

43 Vgl. Hildebrand-Schat 2012, S. 279–280.

44 In der Literatur wird dieses Werk auch im Sinne einer Aneignung gedeutet (vgl. Grammel 2014a, [o. S.]; Grammel 2015, [o. S.]). Im Vordergrund steht jedoch deutlich die Würdigung eines vorbildhaften Beispiels. So weist bereits Compton auf Broodthaers' Tendenz, sein Publikum zu schulen, hin (vgl. Compton 1994, S. 216). Weiterführende Informationen zu Broodthaers' komplexem Referenzgefüge und dessen Abgrenzung vom Thema Aneignung sind bei Marie-Pascale Gildemyn zu finden (vgl. Gildemyn 2019, S. 135–145).

45 Vgl. Trächtler 2020a, S. 376.

46 Vgl. Grammel 2014a, [o. S.].

47 Vgl. Broodthaers 1972b, S. 104.

48 Vgl. Metz 2007, S. 101.

49 Vgl. Friling 2021a, S. 342.

50 Vgl. Mackert 2008, S. 42–43.

51 Vgl. Broodthaers 1969b, S. 51.

52 Broodthaers 1972a, S. 98; siehe auch S. 32–35 in der vorliegenden Publikation.

53 Vgl. Compton 2020, S. 28–29. Maria Gilissen Broodthaers weist darauf hin, dass für Broodthaers die Kunstproduktion und das Museum nicht zusammengehören; siehe auch S. 11 in der vorliegenden Publikation.

54 Broodthaers 1968a, S. 63. Übers. nach: Broodthaers 1968b, S. 255.

55 Vgl. Compton 2020, S. 31.

56 Vgl. Folie 2020a, S. 236.

57 Eine Auflistung der auf den Postkarten gezeigten Werke befindet sich im Katalogteil; siehe auch Kat. 12 in der vorliegenden Publikation.

58 Vgl. und zit. nach: Borgemeister 2003, S. 143.

59 Vgl. Compton 1980, S. 18–19; Thurmann-Jajes 2015, S. 14. Im Katalogteil wird näher auf das Motiv der Leerform bei Broodthaers eingegangen; siehe auch Kat. 18 in der vorliegenden Publikation.

60 Broodthaers 1972a, S. 98; siehe auch S. 32–35 in der vorliegenden Publikation.

61 Vgl. Broodthaers 1972d, S. 18–19.

62 Dies wird in der Auflistung der Titel, Orte und Dauer der zwölf Sektionen deutlich: *Section XIXe Siècle* (Rue de la Pépinière 30, Brüssel, 27.9.1968–27.9.1969), *Section Documentaire* (Strand von Le Coq, Belgien, 8.1969), *Section XVIIe Siècle* (A 37 90 89, Antwerpen, 27.9.1969–4.10.1969), *Section Littéraire* (Brüssel, Ostende, Antwerpen, Kassel, Ende 1969–7.1972), *Section XIXe Siècle (Bis)* (between 4, Städtische Kunsthalle Düsseldorf, 14.2.1970–15.2.1970), *Section Folklorique / Cabinet des Curiosités* (Zeeuws Museum, Middelburg, 1970), *Section Cinéma* (Burgplatz 12, Düsseldorf, 12.1.1971–10.1972), *Section Financière / Musée d'Art Moderne à vendre – pour cause de faillite* (Kölner Kunstmarkt '71, Stand der Galerie Michael Werner, und Galerie Michael Werner, 5.10.1971–10.10.1971 und

8.11.1971–13.11.1971), *Section des Figures / Der Adler vom Oligozän bis heute* (Städtische Kunsthalle Düsseldorf, 16.5.1972–9.7.1972), *Section Publicité* (*documenta 5*, Neue Galerie, Kassel, 30.6.1972–8.10.1972) und *Section d'Art Moderne* (*documenta 5*, Neue Galerie, Kassel, 30.6.1972– 15.8.1972). Die zwölfte Sektion steht nicht mehr unter dem *Musée d'Art Moderne*, sondern ist betitelt: *Musée d'Art Ancien, Galerie du XXe Siècle* (*documenta 5*, Neue Galerie, Kassel, 15.8.1972–8.10.1972). Maria Gilissen Broodthaers geht im Gespräch auf diese Unterschiede ein; siehe auch S. 6–11 in der vorliegenden Publikation.

63 Vgl. König 2011, S. 38.

64 Vgl. Compton 2020, S. 34; König 2006, S. 177; König 2012, S. 81; Ritter 2006, S. 23.

65 Vgl. König 2011, S. 38.

66 Vgl. Marcadé 2013, S. 28. Broodthaers nutzt beispielsweise einen offenen Brief vom 25.9.1972, um seine Kunstauffassung von derjenigen Joseph Beuys' abzusetzen (vgl. Zwirner 1995, S. 17).

67 Vgl. Snauwaert 2021, S. 21; siehe auch S. 11 in der vorliegenden Publikation.

68 Vgl. Haidu 2010, S. 151. Die Bezeichnung *Section Littéraire* wird erstmals im offenen Brief an den argentinischen Künstler David Lamelas vom 31.10.1969 verwendet (vgl. Friling 2021b, S. 372).

69 Vgl. Marcadé 2013, S. 27.

70 Broodthaers nutzt *Avis. Six Lettres ouvertes*, um die *Section des Figures* anzukündigen (vgl. Zwirner 1997, S. 128). Die sechs Blätter sind oben rechts auf sechs aufeinanderfolgende Tage im April datiert, während die Ausstellung erst im Mai eröffnet.

71 Vgl. Pfeffer 2020, S. 618. Mit Arnold Böcklins *Die Freiheit (Helvetia)* (Abb. S. 11) befindet sich heute ein Gemälde als Leihgabe der Nationalgalerie Berlin in der Sammlung des Kunsthaus Zürich, das auch in Broodthaers' Ausstellung *Der Adler vom Oligozän bis heute* zu sehen ist; siehe auch S. 8–11 in der vorliegenden Publikation.

72 Vgl. Compton 2020, S. 34; Pfeffer 2020, S. 618.

73 Vgl. Broodthaers 1972c, S. 13. Der Katalog zur Ausstellung erscheint in zwei Bänden. Der erste liegt zur Eröffnung vor, der zweite erscheint erst später und integriert Rückmeldungen des Publikums und Pressestimmen zur Ausstellung; siehe auch S. 29 in der vorliegenden Publikation. Der Verweis «Dies ist kein Kunstwerk» ist auch im Ausstellungskatalog zu finden. So bildet Broodthaers hier auch die von ihm verwendeten Objektschilder ab. Neben dem deutschsprachigen Schild, bei dem «kunstwerk» kleingeschrieben wird, sind auch französisch- und englischsprachige Objektschilder mit demselben Inhalt zu finden (vgl. O. A. 1972a, S. 42–43).

74 Vgl. Hakkens 1994, S. 19; Marcadé 2013, S. 28–29.

75 Vgl. Marcadé 2013, S. 28–29.

76 Vgl. und zit. nach: Harten 1972, S. 53.

77 Vgl. Borgemeister 2003, S. 172.

78 Vgl. König 2012, S. 94–95. Die Entstehung der Institution Museum als der breiten Öffentlichkeit zugänglicher Ort wird meist Ende des 18. und Anfang des 19. Jahrhunderts als Begleiterscheinung grundlegender gesellschaftlicher Veränderungen angesiedelt (vgl. ebd., S. 81). Ihre Einrichtung wird mit der Suche nach einer nationalen Identität junger Staaten in Verbindung gebracht (vgl. Bonnet 2016, S. 84; Heesen 2012, S. 31; Möbius 2006, S. 11).

79 Oppitz 1972, S. 20.

80 Der Begriff «Paratext» geht auf Gérard Genette und dessen Buch *Seuils* (1987) zurück. Bezeichnet werden damit Textsorten wie etwa ein Klappentext, die dem eigentlichen Text begleitend beigefügt werden und damit Einfluss auf seine Rezeption haben (vgl. Mackert 2003, S. 33; Niefanger 2002, S. 525).

81 Vgl. Haladyn 2015, S. 232.

82 Vgl. Buchloh 1995, S. 87.

83 Zit. nach: Gachnang 1982, S. 8.

84 Zit. nach: Thurmann-Jajes 2015, S. 8. Übers. nach: Broodthaers 1964, S. 23.

85 Für die Einladung verwendet Broodthaers Abbildungen aus populären Zeitschriften. Sie dienen ihm als kommerzielle Folie für die darauf angekündigten Werke. Der zitierte Text wird ausserdem auf die Fenster der Galerie und an eine Wand in der Ausstellung angebracht (vgl. Sailer 2020c, S. 80).

86 Vgl. Bounameaux 2001, S. 41–43. Der Künstler selbst sagt über seine zum Teil prekäre finanzielle Situation, er «verkaufe schon von Zeit zu Zeit etwas», gleichzeitig fügt er an, es sei «offensichtlich, daß ich ohne eine finanzielle Unterstützung nicht bis dahin gekommen wäre» (vgl. und zit. nach: Broodthaers 1969a, S. 80).

87 Vgl. Thurmann-Jajes 2015, S. 15.

88 Vgl. Metz 2007, S. 147.

89 Vgl. Thurmann-Jajes 2015, S. 14.

90 Vgl. Hildebrand-Schat 2012, S. 332, 340.

91 Vgl. Trächtler 2020b, S. 375.

92 Broodthaers 1974a, S. 134.

93 Vgl. und zit. nach: Broodthaers 1971, S. 92.

94 Vgl. Folie 2020b, S. 340.

95 Vgl. Thurmann-Jajes 2015, S. 13. Es sei an dieser Stelle darauf hingewiesen, dass der Kölner Kunstmarkt trotz seiner Ausrichtung auf den Verkauf bei seiner Gründung als Instanz der Partizipation und Demokratisierung, auch in Abgrenzung zur zeitgenössischen Museumslandschaft, gedacht ist (vgl. Bonnet 2016, S. 86).

96 Broodthaers 1973b, S. 477.

97 Vgl. König 2012, S. 193.

98 Vgl. Folie 2020b, S. 341; siehe auch S. 23–24 in der vorliegenden Publikation.

99 Vgl. Hildebrand-Schat 2012, S. 171.

100 Vgl. Folie 2003, S. 21–22; Theisen 2016, S. 19; Zwirner 1992, S. 13.

101 Zit. nach: Zwirner 1992, S. 13.

102 Vgl. König 2012, S. 44, 190–192.

103 Vgl. Folie 2003, S. 21–22.

104 Vgl. Dossi 2007, S. 83; Schütz 2017/18a, S. 47.

105 Vgl. Borja-Villel 2021, S. 28; Gevaert/ Gilissen 1989, S. 123.

106 Siehe auch S. 24–25 in der vorliegenden Publikation.

107 Broodthaers 1974b, S. 188. An dieser Stelle sei darauf hingewiesen, dass Broodthaers den Einbezug von Besucher:innen durchaus auch parodiert. Beispielsweise ist eine Diskussion Teil der Eröffnungsveranstaltung der *Section XIXe Siècle* seines *Musée d'Art Moderne, Département des Aigles*, um Museen und deren Veranstaltungen ironisch zu hinterfragen (vgl. Compton 2020, S. 31).

108 Übers. und zit. nach: Broodthaers 1968c, S. 19.

109 Vgl. Schwarz 2012, S. 9.

110 Vgl. Marcadé 2013, S. 27.

111 Vgl. Thurmann-Jajes 2015, S. 11–12. Broodthaers' Werke lassen sich allgemein nur schwer in museale Sammlungskategorien, die häufig aufgrund der Materialität erstellt werden, einordnen (vgl. Borgemeister 2001, S. 14).

112 Auf die verschiedenen Versionen des Werks wird im Katalogteil eingegangen; siehe auch Kat. 2 in der vorliegenden Publikation.

113 Übers. und zit. nach: Broodthaers 1968c, S. 19.

114 Vgl. Borgemeister 2001, S. 15. Der vollständige Text der Paraphrase Broodthaers' ist bei Borgemeister abgedruckt (vgl. Borgemeister 2003, S. 85–86).

115 Vgl. Grammel 2014b, [o. S.]. Unter einem Bilderrätsel versteht man einen Rebus, in dem Wort und Bild miteinander kombiniert werden (vgl. Metz 2007, S. 92). Siehe auch Kat. 15 in der vorliegenden Publikation.

116 Übers. und zit. nach: Broodthaers 1968c, S. 19.

117 Vgl. Bruyn 1998, S. 171.

118 Ab den 1960er-Jahren hat der Fokus auf die Betrachter:innen durchaus Konjunktur. Kategorien wie Originalität und Authentizität werden zunehmend hinterfragt und die Rezipient:innen rücken vermehrt in den Vordergrund (vgl. Metz 2007, S. 72, 86).

119 Vgl. Bachofen-Moser 1983, S. 85.

120 Vgl. Nobis 1996, S. 9.

121 Vgl. Zwirner 1992, S. 54.

122 Broodthaers 1972e, S. 16.

123 Vgl. Pelzer 2001, S. 62; siehe auch S. 22 in der vorliegenden Publikation.

124 Broodthaers 1972d, S. 19.

125 Vgl. König 2012, S. 180. De Saussures Semiotik verdeutlicht, dass nicht eine Sache und ihre Benennung miteinander verbunden sind, sondern ein akustisches Bild mit einer Vorstellung, wobei diese Verbindung arbiträr ist. Magritte überträgt dies in die bildende Kunst, indem er die bildliche Darstellung mit einer Vorstellung – und nicht mit dem Objekt selbst – vereint (vgl. ebd., S. 180). Ausgehend von Magritte greift auch Michel Foucault dieses Thema auf und behandelt die verlorene Verbindung von Sprache und Bild (vgl. Borgemeister 2003, S. 38; Foucault 1974a, S. 25, 75, 83, 87; Foucault 1974b, S. 92). Broodthaers verweist im Katalog zur Ausstellung *Der Adler vom Oligozän bis heute* sowohl auf Magritte als auch auf Foucault (vgl. Broodthaers 1972c, S. 13).

126 Vgl. Friling 2021a, S. 338–339.

127 Broodthaers 1972a, S. 100; siehe auch S. 32–35 in der vorliegenden Publikation.

128 Vgl. Heesen 2012, S. 20–21; Walz 2016, S. 8–9. Die griechische Etymologie ist auf «museion», einen Altar, der häufig mit einer Lehrstätte verbunden ist, zurückzuführen (vgl. Heesen 2012, S. 20–21; Walz 2016, S. 8–9). Siehe auch S. 12 in der vorliegenden Publikation.

129 Vgl. ICOM 2022.

130 Vgl. Griesser-Stermscheg u. a. 2020, S. 25; Schütz 2017/18b, S. 44.

131 Broodthaers 1972a, S. 98; siehe auch S. 32–35 in der vorliegenden Publikation.

132 Broodthaers 1972f, S. 95.

133 Vgl. Metz 2007, S. 91.

134 Siehe auch S. 28–29 in der vorliegenden Publikation.

135 Alle Versionen des Werks bestehen aus den oben beschriebenen drei Teilen. Für sie ist eine unlimitierte Auflage vorgesehen. Bei den limitierten Exemplaren 1/40 bis 7/40 werden zwei bedruckte Kartons, zwei Fotoleinwände, zwei mit Fotoleinwand überzogene Stäbe und eine Holzschachtel hinzugefügt. Die limitierten Exemplare 8/40 bis 40/40 setzen sich hingegen aus den drei grundlegenden Teilen sowie einer Kartonmappe mit einem Porträt La Fontaines, zwei Drucken auf Karton und drei Fotoleinwänden zusammen (vgl. O. A. 1989, S. 8–11).

136 Übers. und zit. nach: Broodthaers 1968c, S. 19.

137 Siehe auch Kat. 15 in der vorliegenden Publikation.

138 Übers. und zit. nach: Broodthaers 1968c, S. 19.

139 Übers. und zit. nach: La Fontaine 1668, S. 24–25.

140 Vgl. Chaffee 2016, S. 250.

141 Broodthaers 1973a, S. 20.

142 Broodthaers zieht eine Parallele zu Duchamp: «Seit Duchamp ist der Künstler Autor einer Definition.» (Broodthaers 1972c, S. 13). Siehe auch S. 15–16 in der vorliegenden Publikation.

143 Vgl. Snauwaert 2021, S. 21.

144 Vgl. Borja-Villel 2021, S. 28.

145 Vgl. Ceuleers 2012, S. 14.

146 Vgl. Folie/Mackert 2003, S. 72; Metz 2007, S. 148.

147 Vgl. Friling 2021a, S. 342; Trächtler 2020c, S. 315.

148 Vgl. Gludovatz 2006, S. 178.

149 Vgl. ebd., S. 175.

150 Vgl. Friling 2021a, S. 342; siehe auch S. 16–17 in der vorliegenden Publikation.

151 Vgl. Dossi 2007, S. 83; Schütz 2017/18a, S. 47.

152 Vgl. Theisen 2016, S. 17.

153 Siehe auch S. 26 in der vorliegenden Publikation.

154 Vgl. Hildebrand-Schat 2012, S. 336. Der Katalog von 1972 unterscheidet sich von demjenigen von 1970 nur hinsichtlich der geringeren Stückzahl, Signatur, Nummerierung und der zwei lose eingelegten Seiten mit Ansichten der Galerie (vgl. ebd., S. 336).

155 Vgl. ebd., S. 336.

156 Vgl. Trächtler 2020b, S. 375; siehe auch S. 25–26 in der vorliegenden Publikation.

157 Vgl. Hildebrand-Schat 2012, S. 338.

158 Vgl. ebd., S. 341.

159 Zit. nach: Compton 2020, S. 34.

160 Siehe auch S. 21–22 in der vorliegenden Publikation.

161 Vgl. Zwirner 1997, S. 128.

162 Vgl. Foucault 1974a, S. 25.

163 Vgl. Foucault 1974b, S. 83.

164 Vgl. Zwirner 1992, S. 56.

165 Vgl. Zwirner 1997, S. 184; siehe auch S. 29–30 in der vorliegenden Publikation.

166 Vgl. O. A. 1989, S. 23–27. Die Grafische Sammlung des Kunsthaus Zürich besitzt die zweite Variante des Werks, weshalb diese in dieser Publikation hervorgehoben wird; siehe auch S. 29–30 in der vorliegenden Publikation.

167 Vgl. Döbbelin/Güthoff/Schlubach 2016, S. 9–11.

168 Vgl. Thurmann-Jajes 2015, S. 14–15.

169 Zit. nach: Zwirner 1992, S. 13.

170 Siehe auch S. 26–27 in der vorliegenden Publikation.

171 Vgl. Grammel 2014a, [o. S.].

172 Vgl. ebd., [o. S.].

173 Vgl. Thurmann-Jajes 2015, S. 12; siehe auch S. 18 in der vorliegenden Publikation.

174 Vgl. Zwirner 1992, S. 42.

175 Vgl. Thurmann-Jajes 2015, S. 12.

176 Die hier aufgeführten handschriftlichen Bezeichnungen beziehen sich auf das Exemplar in der Grafischen Sammlung des Kunsthaus Zürich. Die manuellen Bezeichnungen sind auf jedem Abzug anders.

177 Zit. nach: Zwirner 1992, S. 42.

178 Vgl. ebd., S. 42. Die Bezeichnung «fig.» tritt häufiger in Broodthaers' Spätwerk auf. Jeglicher Schlüssel oder Index der Verweise, die an Schulbücher oder Enzyklopädien erinnern, fehlt dabei (vgl. Compton 1994, S. 223).

179 Vgl. Marcadé 2013, S. 28.

180 Vgl. Maes 2011, S. 150.

181 Vgl. Thurmann-Jajes 2015, S. 14; siehe auch Kat. 18 in der vorliegenden Publikation.

182 Vgl. Haladyn 2015, S. 232; siehe auch S. 19–21 in der vorliegenden Publikation.

183 Siehe auch Kat. 11 in der vorliegenden Publikation.

184 Vgl. Zwirner 1997, S. 129.

185 Vgl. Metz 2007, S. 174.

186 Zit. nach: Zwirner 1997, S. 130. Annecour ist der Mädchenname der Mutter Broodthaers', Bertha Annecour (vgl. Compton 2020, S. 12).

187 Petra Metz deutet diesen Vorgang als «Aneignung der Briefmarken als visuelle Zeichen» (vgl. und zit. nach: Metz 2007, S. 174). Siehe auch S. 23–24 in der vorliegenden Publikation.

188 Vgl. Baudson 1986, [o. S.].

189 Broodthaers 1974c, S. 144.

190 Die Zahlen entsprechen den Auflagenstärken der Gedichtbände Broodthaers' (vgl. Folie/Mackert 2003, S. 58).

191 Siehe auch S. 25 in der vorliegenden Publikation.

192 Siehe auch S. 15–17 in der vorliegenden Publikation.

193 Übers. und zit. nach: Compton 2020, S. 14.

194 Vgl. Pelzer 2001, S. 56–57. Beispielsweise spielt der Zusatz im Titel seines Museums, *Département des Aigles,* auf dieses Gedicht an. Aber auch *Musée d'Art Moderne à vendre – pour cause de faillite* (Kat. 5) zitiert das Gedicht fragmentarisch auf der Rückseite des Umschlags.

195 Vgl. Borgemeister 2003, S. 61.

196 Vgl. Zwirner 1992, S. 30.

197 Vgl. Hildebrand-Schat 2012, S. 163.

198 Vgl. ebd., S. 135.

199 Vgl. Compton 2020, S. 15, 18–19.

200 Übers. und zit. nach: ebd., S. 18.

201 Vgl. Metz 2007, S. 164.

202 Vgl. Ceuleers 2012, S. 48.

203 Vgl. Hildebrand-Schat 2012, S. 279; siehe auch S. 17–18 in der vorliegenden Publikation.

204 Vgl. Théo 1880, [o. S.].

205 Der Abzug in der Grafischen Sammlung des Kunsthaus Zürich weist feine Schnurrhaare in Rot auf, die Broodthaers nach dem Druckvorgang per Hand mit einem Stift hinzufügt. Es sind nicht alle Abzüge mit Schnurrhaaren versehen (vgl. Thurmann-Jajes 2015, S. 14).

206 Vgl. Hildebrand-Schat 2012, S. 111–112.

207 Auf jedem Objektschild der Ausstellung *Der Adler vom Oligozän bis heute,* die 1972 in der Städtischen Kunsthalle Düsseldorf zu sehen ist, steht etwa: «Dies ist kein Kunstwerk» (vgl. König 2006, S. 178; Pelzer 2001, S. 62).

208 Siehe auch S. 29–30 in der vorliegenden Publikation.

209 Siehe auch S. 29 in der vorliegenden Publikation.

210 Der Aussage Borgemeisters, das Bild sei «streng symmetrisch geordnet», ist nicht zuzustimmen, da es sich keinesfalls um eine exakte Spiegelung handelt (vgl. und zit. nach: Borgemeister 2003, S. 66).

211 Vgl. Zwirner 1992, S. 32; Zwirner 1994, S. 232–233. Ein weiterer Hinweis auf die Spiegelung ist die Publikation der Offsetlithografie als Teil der Mappe *Mirrors of the Mind* (vgl. Borgemeister 2003, S. 66).

212 Vgl. Hildebrand-Schat 2012, S. 108.

213 Vgl. Borgemeister 2003, S. 68.

214 *Garniture Symbolique* und *La Soupe de Daguerre* (Kat. 24) sind zwar Fotografien, sie grenzen sich jedoch von Broodthaers' übrigem fotografischen Werk ab (vgl. Thurmann-Jajes 2015, S. 14).

215 Insgesamt existieren zwölf Exemplare dieser Grafikedition, wobei jedes ein Unikat ist und sich hinsichtlich der Sättigung der Tönung und der Anzahl der Einzelaufnahmen von den anderen unterscheidet (vgl. Quast 1994, S. 269).

216 Vgl. Thurmann-Jajes 2015, S. 11. Mallarmé verwendet fünf verschiedene Schriftgrössen, die sich auch in Broodthaers' Künstlerbuch *Un coup de dés jamais n'abolira le hasard. Image* (*Ein Würfelwurf kann den Zufall nicht abschaffen. Bild,* 1969) widerspiegeln (vgl. Rancière 2022, S. 48).

217 Vgl. Hildebrand-Schat 2015, S. 29.

218 Vgl. Compton 1980, S. 13.

219 Vgl. Zwirner 1992, S. 60.

220 Zit. nach: Thurmann-Jajes 2015, S. 11.

221 Vgl. ebd., S. 14. Neben *La Soupe de Daguerre* ist *Garniture Symbolique* (Kat. 23) das zweite fotografische Werk, das Teil der Grafikeditionen ist (vgl. ebd., S. 14).

222 Vgl. Zwirner 1997, S. 19.

223 Vgl. Bachofen-Moser 1983, S. 85.

224 Siehe auch S. 29 in der vorliegenden Publikation.

225 Vgl. Folie/Mackert 2003, S. 104.

226 Vgl. Schraenen 1997, S. 5.

LITERATURVERZEICHNIS

Bachofen-Moser 1983: Margit Bachofen-Moser, «Die Druckgraphik von Marcel Broodthaers», in: *Jahresbericht Kunsthaus Zürich 1982*, Zürich 1983, S. 84–88.

Baudson 1986: Michel Baudson, «[L'Artiste et l'Autiste] [1986]», in: *Marcel Broodthaers*, Ausst.-Kat. Galerie Isy Brachot, Paris / Galerie Christine et Isy Brachot, Brüssel, [o. O.] 1987, [o. S.].

Baur 2020: Joachim Baur (Hg.), *Das Museum der Zukunft. 43 neue Beiträge zur Diskussion über die Zukunft des Museums*, Bielefeld 2020.

Bonnet 2016: Anne-Marie Bonnet, «Bildende Kunst», in: *Handbuch Museum. Geschichte, Aufgaben, Perspektiven*, hg. von Markus Walz, Stuttgart 2016, S. 84–88.

Borgemeister 2001: Rainer Borgemeister, «Le Corbeau et le Renard», in: *Vorträge zum filmischen Werk von Marcel Broodthaers*, Köln 2001, S. 13–43.

Borgemeister 2003: Rainer Borgemeister, *Marcel Broodthaers. Lesen und Sehen*, Bonn/Berlin 2003.

Borja-Villel 2021: Manuel J. Borja-Villel, «Marcel Broodthaers: In Enemy Territory», in: *Industrial Poems. Marcel Broodthaers. The Complete Catalogue of the Plaques, 1968–1972*, Ausst.-Kat. WIELS, Brüssel, hg. von Charlotte Friling und Dirk Snauwaert, Berlin 2021, S. 27–29.

Bott 1970: Gerhard Bott (Hg.), *Das Museum der Zukunft. 43 Beiträge zur Diskussion über die Zukunft des Museums*, Köln 1970.

Bounameaux 2001: Henri Bounameaux, «Marcel Broodthaers. Le Marché de l'art», in: *Arts Antiques Auctions. Hors série*, Gent 2001, S. 41–47.

Broodthaers 1964: Marcel Broodthaers, «[Einladung, Galerie Saint-Laurent, Brüssel, 1964]», in: Bernard Marcadé, «‹Ich sage… Ich tautologiere. Ich bewahre. Ich soziologiere. Ich demonstriere…›», in: *Marcel Broodthaers. Livre d'images = Bilderbuch*, hg. von Marie-Puck Broodthaers, Köln 2013, S. 23–29, hier: S. 23.

Broodthaers 1968a: Marcel Broodthaers, «À mes amis [1968]», in: *Industrial Poems. Marcel Broodthaers. The Complete Catalogue of the Plaques, 1968–1972*, Ausst.-Kat. WIELS, Brüssel, hg. von Charlotte Friling und Dirk Snauwaert, Berlin 2021, S. 63.

Broodthaers 1968b: Marcel Broodthaers, «À mes amis…, 1968», in: *Marcel Broodthaers. Ausstellungen und Werke*, Ausst.-Kat. Fridericianum, Kassel, hg. von Susanne Pfeffer, Köln 2020, S. 255.

Broodthaers 1968c: Marcel Broodthaers, «Extrait d'une interview, 1968 = Auszug aus einem Interview, 1968», in: *Marcel Broodthaers. Cinéma Modèle*, Ausst.-Kat. Kunstmuseum Winterthur, Düsseldorf 2012, S. 19.

Broodthaers 1969a: Marcel Broodthaers, «Interview von Freddy de Vree mit Marcel Broodthaers, 1969», in: *Marcel Broodthaers. Interviews & Dialoge 1946–1976*, hg. von Wilfried Dickhoff, Köln 1994 (Kunst heute 12), S. 75–81.

Broodthaers 1969b: Marcel Broodthaers, «[Television interview of Marcel Broodthaers, conducted by Sélim Sasson for Radio Télévision Belge (RTB), at Galerie Fitzroy, Brussels, 5 May 1969]», in: *Industrial Poems. Marcel Broodthaers. The Complete Catalogue of the Plaques, 1968–1972*, Ausst.-Kat. WIELS, Brüssel, hg. von Charlotte Friling und Dirk Snauwaert, Berlin 2021, S. 48–53.

Broodthaers 1970a: Marcel Broodthaers, «Sur le modèle Narcisse…, 1970», in: *Marcel Broodthaers. Ausstellungen und Werke*, Ausst.-Kat. Fridericianum, Kassel, hg. von Susanne Pfeffer, Köln 2020, S. 325.

Broodthaers 1970b: Marcel Broodthaers, «[Sur le modèle Narcisse, 1970]», in: *Marcel Broodthaers. Cinéma*, Ausst.-Kat. Fundació Antoni Tàpies, Barcelona, Barcelona 1997, S. 127.

Broodthaers 1971: Marcel Broodthaers, «Interview von Freddy de Vree mit Marcel Broodthaers, 1971», in: *Marcel Broodthaers. Interviews & Dialoge 1946–1976*, hg. von Wilfried Dickhoff, Köln 1994 (Kunst heute 12), S. 89–93.

Broodthaers 1972a: Marcel Broodthaers, «Jürgen Harten, Katharina Schmidt: ‹Auszug aus einem Gespräch mit Marcel Broodthaers› [1972]», in: *Marcel Broodthaers. Interviews & Dialoge 1946–1976*, hg. von Wilfried Dickhoff, Köln 1994 (Kunst heute 12), S. 97–100.

Broodthaers 1972b: Marcel Broodthaers, «[Brief an Jürgen Harten] [1972]», in: *Marcel Broodthaers. Interviews & Dialoge 1946–1976*, hg. von Wilfried Dickhoff, Köln 1994 (Kunst heute 12), S. 103–104.

Broodthaers 1972c: Marcel Broodthaers, «Methode», in: *Der Adler vom Oligozän bis heute*, Bd. 1, Ausst.-Kat. Städtische Kunsthalle Düsseldorf, Düsseldorf 1972, S. 13.

Broodthaers 1972d: Marcel Broodthaers, «Section des Figures», in: *Der Adler vom Oligozän bis heute*, Bd. 2, Ausst.-Kat. Städtische Kunsthalle Düsseldorf, Düsseldorf 1972, S. 18–19.

Broodthaers 1972e: Marcel Broodthaers, «Adler – Ideologie – Publikum», in: *Der Adler vom Oligozän bis heute*, Bd. 1, Ausst.-Kat. Städtische Kunsthalle Düsseldorf, Düsseldorf 1972, S. 16.

Broodthaers 1972f: Marcel Broodthaers, «Musée d'Art Moderne, Département des Aigles. Aus einem Gespräch von Marcel Broodthaers mit Johannes Cladders [1972]», in: *Marcel Broodthaers. Interviews & Dialoge 1946–1976*, hg. von Wilfried Dickhoff, Köln 1994 (Kunst heute 12), S. 94–95.

Broodthaers 1973a: Marcel Broodthaers, *Magie. Art et Politique*, Paris 1973.

Broodthaers 1973b: Marcel Broodthaers, «Entwurf für den Kaufvertrag, 1973», in: *Marcel Broodthaers. Ausstellungen und Werke*, Ausst.-Kat. Fridericianum, Kassel, hg. von Susanne Pfeffer, Köln 2020, S. 477.

Broodthaers 1974a: Marcel Broodthaers, «Marcel Broodthaers – Prix ‹Robert Giron› 1974. Interview mit der Zeitschrift +-0 [1974]», in: *Marcel Broodthaers. Interviews & Dialoge 1946–1976*, hg. von Wilfried Dickhoff, Köln 1994 (Kunst heute 12), S. 133–139.

Broodthaers 1974b: Marcel Broodthaers, «Zehntausend Francs Belohnung [1974]», in: *Marcel Broodthaers. Livre d'images = Bilderbuch*, hg. von Marie-Puck Broodthaers, Köln 2013, S. 186–189.

Broodthaers 1974c: Marcel Broodthaers, «Interview von Freddy de Vree mit Marcel Broodthaers, 1974», in: *Marcel Broodthaers. Interviews & Dialoge 1946–1976*, hg. von Wilfried Dickhoff, Köln 1994 (Kunst heute 12), S. 143–149.

Broodthaers 1976: Marcel Broodthaers, «‹C'est l'angélus qui sonne›. Interview von Stéphane Rona mit Marcel Broodthaers [1976]», in: *Marcel Broodthaers. Interviews & Dialoge 1946–1976*, hg. von Wilfried Dickhoff, Köln 1994 (Kunst heute 12), S. 157–165.

Bruyn 1998: Eric de Bruyn, «Marcel Broodthaers: Cinéma Modèle [1998]», in: *Reading Cinema, Finding Words: Art after Marcel Broodthaers*, Ausst.-Kat. National Museum of Modern Art, Kyoto / National Museum of Modern Art, Tokyo, Tokyo 2013, S. 169–173.

Buchloh 1995: Benjamin H. D. Buchloh, «Contemplating Publicity: Marcel Broodthaers' Section Publicité», in: *Section Publicité du Musée d'Art Moderne Département des Aigles. Marcel Broodthaers*, Ausst.-Kat. Marian Goodman Gallery, New York, hg. von Maria Gilissen Broodthaers und Benjamin H. D. Buchloh, New York 1995, S. 87–99.

Buren 1995: Daniel Buren, «[Fragebogen]», in: *Correspondances = Korrespondenzen*, Ausst.-Kat. Galerie Hauser & Wirth, Zürich / Galerie David Zwirner, New York, Stuttgart 1995, S. 40–47.

Ceuleers 2012: Jan Ceuleers, *Marcel Broodthaers. The Complete Prints and Books = L'Œuvre graphique complete et les livres = Het complete grafische werk en de boeken*, Ausst.-Kat. Ceuleers & Van de Velde Booksellers at Galerie Ronny Van de Velde, Knokke, Knokke 2012.

Chaffee 2016: Cathleen Chaffee, «Embleme der Macht», in: *Marcel Broodthaers. Eine Retrospektive*, Ausst.-Kat. The Museum of Modern Art, New York / Museo Nacional Centro de Arte Reina Sofía, Madrid / Kunstsammlung Nordrhein-Westfalen, Düsseldorf, Köln/Brüssel 2016, S. 248–251.

Compton 1980: Michael Compton, «Marcel Broodthaers», in: *Marcel Broodthaers*, Ausst.-Kat. Tate, London, London 1980, S. 13–25.

Compton 1994: Michael Compton, «The Rhetoric of Marcel Broodthaers», in: *Marcel Broodthaers*, Köln 1994 (Tinaia 9), S. 213–227.

Compton 2020: Michael Compton, «Lob des Subjekts», in: *Marcel Broodthaers. Ausstellungen und Werke*, Ausst.-Kat. Fridericianum, Kassel, hg. von Susanne Pfeffer, Köln 2020, S. 12–49.

Döbbelin/Güthoff/Schlubach 2016: Anna Döbbelin, Antonia Güthoff und Mascha Schlubach, «Für Marcel Broodthaers: II. Wahl», in: *Für Marcel Broodthaers. Das Gedächtnis, die Stadt und die Kunst II.*, Ausst.-Kat. Wallraf-Richartz-Museum, Köln / Fondation Corboud, Köln, Köln 2016, S. 7–14.

Dossi 2007: Piroschka Dossi, *Hype! Kunst und Geld*, München 2007.

Folie 2003: Sabine Folie, «Marcel Broodthaers – ‹Eine Kunst ohne Bedeutung›», in: *Marcel Broodthaers. Politique – Poetique*, Ausst.-Kat. Kunsthalle Wien, Wien 2003, S. 13–26.

Folie 2020a: Sabine Folie, «Section XIXe siècle, Musée d'Art Moderne, Département des Aigles», in: *Marcel Broodthaers. Ausstellungen und Werke*, Ausst.-Kat. Fridericianum, Kassel, hg. von Susanne Pfeffer, Köln 2020, S. 236–237.

Folie 2020b: Sabine Folie, «Section Financière, Musée d'Art Moderne à vendre pour cause de faillite», in: *Marcel Broodthaers. Ausstellungen und Werke*, Ausst.-Kat. Fridericianum, Kassel, hg. von Susanne Pfeffer, Köln 2020, S. 340–341.

Folie/Mackert 2003: Sabine Folie und Gabriele Mackert, «Katalog», in: *Marcel Broodthaers. Politique – Poetique*, Ausst.-Kat. Kunsthalle Wien, Wien 2003, S. 37–105.

Foucault 1974a: Michel Foucault, *Dies ist keine Pfeife*, München 1974.

Foucault 1974b: Michel Foucault, *Die Ordnung der Dinge*, Frankfurt a. M. 1974.

Friling 2021a: Charlotte Friling, «Entries. Notes on the 36 subjects and their variations», in: *Industrial Poems. Marcel Broodthaers. The Complete Catalogue of the Plaques, 1968–1972*, Ausst.-Kat. WIELS, Brüssel, hg. von Charlotte Friling und Dirk Snauwaert, Berlin 2021, S. 275–361.

Friling 2021b: Charlotte Friling, «Notes on the exceptions to the regular editions and unique subjects», in: *Industrial Poems. Marcel Broodthaers. The Complete Catalogue of the Plaques, 1968–1972*, Ausst.-Kat. WIELS, Brüssel, hg. von Charlotte Friling und Dirk Snauwaert, Berlin 2021, S. 363–375.

Gachnang 1982: Johannes Gachnang, «Zur Ausstellung», in: *Marcel Broodthaers (1924–1976)*, Ausst.-Kat. Kunsthalle Bern, Bern 1982, S. 5–9.

Gevaert/Gilissen 1989: Yves Gevaert und Maria Gilissen Broodthaers, «Biographische Daten», in: *Het volledig grafisch werk en de boeken = L'oeuvre graphique complete et les livres = Komplettes graphisches Werk und Bücher = Complete graphic work and books*, Knokke-Duinbergen 1989, S. 122–123.

Gildemyn 2019: Marie-Pascale Gildemyn, «Marcel Broodthaers (1924–1976): les (noms de) personnes», in: *Marcel Broodthaers. Soleil politique*, Ausst.-Kat. Museum van Hedendaagse Kunst, Antwerpen, Antwerpen 2019, S. 135–145.

Gludovatz 2006: Karin Gludovatz, «Entstehen und Vergehen. Marcel Broodthaers und die epiphanische Gestalt des Künstlers», in: *Subjekt und Medium in der Kunst der Moderne*, hg. von Michael Lüthy und Christoph Menke, Zürich/Berlin 2006, S. 175–188.

Grammel 2014a: Søren Grammel, «Marcel Broodthaers, *Chère petite sœur (la tempête)* und *Historie d'amour (Dr. Huysmans)*», in: *Le Corbeau et le Renard. Aufstand der Sprache mit Marcel Broodthaers*, Ausst.-Kat. Museum für Gegenwartskunst, Basel, Basel 2014, [o. S.].

Grammel 2014b: Søren Grammel, «Marcel Broodthaers, *Le Corbeau et le Renard*», in: *Le Corbeau et le Renard. Aufstand der Sprache mit Marcel Broodthaers*, Ausst.-Kat. Museum für Gegenwartskunst, Basel, Basel 2014, [o. S.].

Grammel 2015: Søren Grammel, «[Vorwort]», in: *Von Bildern. Strategien der Aneignung*, Ausst.-Kat. Museum für Gegenwartskunst, Basel, Basel 2015, [o. S.].

Griesser-Stermscheg u. a. 2020: Martina Griesser-Stermscheg u. a., «Das Museum der Zukunft», in: *Das Museum der Zukunft. 43 neue Beiträge zur Diskussion über die Zukunft des Museums*, hg. von Joachim Baur, Bielefeld 2020, S. 17–31.

Haidu 2010: Rachel Haidu, *The Absence of Work. Marcel Broodthaers, 1964–1976*, Cambridge 2010.

Hakkens 1994: Anna Hakkens, «Introductory essay», in: *Marcel Broodthaers – projections*, Ausst.-Kat. Stedelijk Van Abbemuseum, Eindhoven, Eindhoven 1994, S. 10–36.

Haladyn 2015: Julian Jason Haladyn, «Exhibiting the Museum-Function: Marcel Broodthaers and the *Musée d'Art Moderne, Département des Aigles*», in: *Exhibiting Outside the Academy, Salon and Biennal, 1775–1999*, hg. von Andrew Graciano, London/New York 2015, S. 223–234.

Harten 1972: Jürgen Harten, «Enzyklopädie (Fortsetzung)», in: *Der Adler vom Oligozän bis heute*, Bd. 2, Ausst.-Kat. Städtische Kunsthalle Düsseldorf, Düsseldorf 1972, S. 53–59.

Heesen 2012: Anke te Heesen, *Theorien des Museums zur Einführung*, Hamburg 2012.

Hildebrand-Schat 2012: Viola Hildebrand-Schat, *Literarische Aneignung und künstlerische Transformation. Zur Literaturrezeption im Werk von Marcel Broodthaers*, München 2012.

Hildebrand-Schat 2015: Viola Hildebrand-Schat, «Marcel Broodthaers – Dichter und Künstler. Die Aktivitäten vor 1964», in: *Marcel Broodthaers. Dichter und Künstler. Die Sammlung Schmidt*, Ausst.-Kat. Van Abbemuseum, Eindhoven / Weserburg, Bremen, [o. O.] 2015, S. 17–31.

ICOM 2022: ICOM, «Neue Museumsdefinition», in: *museums.ch – Die Plattform der Museen in der Schweiz*, 2022, URL: https://www.museums.ch/home/neue-museumsdefinition/, [7.10.2022].

König 2006: Susanne König, «Zwischen Realität und Fiktion. Das *Musée d'Art Moderne, Département des Aigles* von Marcel Broodthaers», in: *Imaginäre Architekturen. Raum und Stadt als Vorstellung*, hg. von Annette Geiger, Stefanie Hennecke und Christin Kempf, Berlin 2006, S. 165–181.

König 2011: Susanne König, «Das Museum für moderne Kunst – Abteilung der Adler», in: *Von realer Gegenwart. Marcel Broodthaers heute*, Ausst.-Kat. Kunsthalle Düsseldorf / Kunstverein für die Rheinlande und Westfalen, Düsseldorf, Köln 2011, S. 36–45.

König 2012: Susanne König, *Marcel Broodthaers: Musée d'Art Moderne, Département des Aigles*, Berlin 2012.

La Fontaine 1668: Jean de La Fontaine, «Le corbeau et le renard = Der Rabe und der Fuchs [1668]», in: Jean de La Fontaine, *Fables = Fabeln. Französisch = Deutsch*, ausgewählt, übers. und kommentiert von Jürgen Grimm, Stuttgart 2009, S. 24–25.

Lemmens/Stommels 2015: Albert Lemmens und Serge Stommels, «Vorwort», in: *Marcel Broodthaers. Dichter und Künstler. Die Sammlung Schmidt*, Ausst.-Kat. Van Abbemuseum, Eindhoven / Weserburg, Bremen, [o. O.] 2015, S. 6.

Mackert 2003: Gabriele Mackert, «Realität statt Realismus. Performative Reflexivität auf unsicherem Terrain», in: *Marcel Broodthaers. Politique – Poetique*, Ausst.-Kat. Kunsthalle Wien, Wien 2003, S. 27–35.

Mackert 2008: Gabriele Mackert, «Modell statt Meisterwerk. Buch statt Bild. Broodthaers' Mallarmé-Konstellation», in: *Un coup de dés. Bild gewordene Schrift. Ein ABC der nachdenklichen Sprache = Writing Turned Image. An Alphabet of Pensive Language*, Ausst.-Kat. Generali Foundation, Wien, hg. von Sabine Folie, Köln 2008, S. 39–46.

Maes 2011: Frank Maes, «A Room for Broodthaers», in: *Het Broodthaerskabinet. L'Inventaire*, Gent 2011, S. 150–151.

Marcadé 2013: Bernard Marcadé, «‹Ich sage… Ich tautologiere. Ich bewahre. Ich soziologiere. Ich demonstriere…›», in: *Marcel Broodthaers. Livre d'images = Bilderbuch*, hg. von Marie-Puck Broodthaers, Köln 2013, S. 23–29.

Metz 2007: Petra Metz, *Aneignung und Relektüre. Text-Bild-Metamorphosen im Werk von Marcel Broodthaers*, München 2007.

Möbius 2006: Hanno Möbius, «Konturen des Museums im 19. Jahrhundert (1789–1918)», in: *Zur Geschichte der Museen im 19. Jahrhundert*, hg. von Bernhard Graf und Hanno Möbius, Berlin 2006, S. 11–21.

Niefanger 2002: Dirk Niefanger, «Der Autor und sein Label. Überlegungen zur *fonction classificatoire* Foucaults (mit Fallstudien zu Langbehn und Kracauer)», in: *Autorschaft. Positionen und Revisionen*, hg. von Heinrich Detering, Stuttgart 2002, S. 521–539.

Nobis 1996: Norbert Nobis, «Auf dem Wege zu Marcel Broodthaers», in: *Marcel Broodthaers. Katalog der Editionen, Graphik und Bücher = Catalogue of the Editions, Prints and Books = Catalogue des Éditions, L'Œuvre graphique et les Livres*, Ausst.-Kat. Sprengel Museum, Hannover / Städtische Galerie, Göppingen, Ostfildern 1996, S. 9–10.

O. A. 1972a: [O. A.], «Bilder», in: *Der Adler vom Oligozän bis heute*, Bd. 2, Ausst.-Kat. Städtische Kunsthalle Düsseldorf, Düsseldorf 1972, S. 36–51.

O. A. 1972b: [O. A.], «Die Meinung des Publikums», in: *Der Adler vom Oligozän bis heute*, Bd. 2, Ausst.-Kat. Städtische Kunsthalle Düsseldorf, Düsseldorf 1972, S. 8–9.

O. A. 1989: [O. A.], «[Katalog]», in: *Het volledig grafisch werk en de boeken = L'oeuvre graphique complete et les livres = Komplettes graphisches Werk und Bücher = Complete graphic work and books*, Knokke-Duinbergen 1989, S. 5–117.

Oppitz 1972: Michael Oppitz, «Adler Pfeife Urinoir», in: *Der Adler vom Oligozän bis heute*, Bd. 2, Ausst.-Kat. Städtische Kunsthalle Düsseldorf, Düsseldorf 1972, S. 20–21.

Pelzer 2001: Birgit Pelzer, «Die symbolischen Strategien des ‹Semblant› (Schein)», in: *Vorträge zum filmischen Werk von Marcel Broodthaers*, Köln 2001, S. 45–73.

Pfeffer 2020: Susanne Pfeffer, «Es gibt keine *primären Strukturen* oder der Adler ist ein Vogel», in: *Marcel Broodthaers. Ausstellungen und Werke*, Ausst.-Kat. Fridericianum, Kassel, hg. von Susanne Pfeffer, Köln 2020, S. 616–618.

Quast 1994: Antje Quast, «‹Qui songe a des mains siples› or ‹What does poetry have to do with the world?›. Marcel Broodthaers and Stéphane Mallarmé», in: *Marcel Broodthaers*, Köln 1994 (Tinaia 9), S. 251–271.

Rancière 2022: Jacques Rancière, «Der Raum der Wörter. Von Mallarmé zu Broodthaers», in: *Fußabdrucke eines Sammlers: Reiner Speck. Mallarmé, Broodthaers, et les autres*, Ausst.-Kat. Galerie Michael Werner, Köln / Michael Werner Gallery, London, Köln 2022, S. 47–62.

Ritter 2006: Henning Ritter, «Das Altern der Alten Meister», in: *Zur Geschichte der Museen im 19. Jahrhundert*, hg. von Bernhard Graf und Hanno Möbius, Berlin 2006, S. 23–30.

Sailer 2020a: Anna Sailer, «A, B, C – Paysage d'automne», in: *Marcel Broodthaers. Ausstellungen und Werke*, Ausst.-Kat. Fridericianum, Kassel, hg. von Susanne Pfeffer, Köln 2020, S. 434.

Sailer 2020b: Anna Sailer, «Marcel Broodthaers: Das Manuskript in der Flasche = The Manuscript found in a Bottle = Le Manuscrit trouvé dans une bouteille – 1833/1974», in: *Marcel Broodthaers. Ausstellungen und Werke*, Ausst.-Kat. Fridericianum, Kassel, hg. von Susanne Pfeffer, Köln 2020, S. 500.

Sailer 2020c: Anna Sailer, «Moi aussi, je me suis demandé si je ne pouvais pas vendre quelque chose et réussir dans la vie…», in: *Marcel Broodthaers. Ausstellungen und Werke*, Ausst.-Kat. Fridericianum, Kassel, hg. von Susanne Pfeffer, Köln 2020, S. 80–83.

Schraenen 1997: Guy Schraenen, «Poesie und/oder Kunst», in: *Marcel Broodthaers. Poesie und/oder Kunst. Bücher – Kataloge – Ephemera*, Ausst.-Kat. Neues Museum Weserburg, Bremen, Bremen 1997, S. 3–5.

Schütz 2017/18a: Heinz Schütz, «Soft Power und Hard Interests», in: *Kunstforum International*, Bd. 251, 2017/18, S. 46–57.

Schütz 2017/18b: Heinz Schütz, «Museumsboom. Wandel einer Institution», in: *Kunstforum International*, Bd. 251, 2017/18, S. 44–45.

Schultz 2007: Deborah Schultz, *Marcel Broodthaers. Strategy and Dialogue*, Bern 2007.

Schwarz 2012: Dieter Schwarz, «Cinéma Modèle», in: *Marcel Broodthaers. Cinéma Modèle*, Ausst.-Kat. Kunstmuseum Winterthur, Düsseldorf 2012, S. 9–10.

Snauwaert 2021: Dirk Snauwaert, «Industrial Signs», in: *Industrial Poems. Marcel Broodthaers. The Complete Catalogue of the Plaques, 1968–1972*, Ausst.-Kat. WIELS, Brüssel, hg. von Charlotte Friling und Dirk Snauwaert, Berlin 2021, S. 19–26.

Theisen 2016: Angela Theisen, «‹Mit einem Museum stelle ich die Frage…›. Marcel Broodthaers und sein Museum–Museum», in: *Für Marcel Broodthaers. Das Gedächtnis, die Stadt und die Kunst II.*, Ausst.-Kat. Wallraf-Richartz-Museum, Köln / Fondation Corboud, Köln, Köln 2016, S. 15–19.

Théo 1880: R. Théo, *Les Silhouettes à la main*, Paris [1880].

Thurmann-Jajes 2015: Anne Thurmann-Jajes, «Marcel Broodthaers – Zwischen Poesie und Kunst. Das publizierte künstlerische Werk vom Buch bis hin zum Film», in: *Marcel Broodthaers. Dichter und Künstler. Die Sammlung Schmidt*, Ausst.-Kat. Van Abbemuseum, Eindhoven / Weserburg, Bremen, [o. O.] 2015, S. 8–16.

Trächtler 2020a: Jasmin Trächtler, «Chère petite sœur», in: *Marcel Broodthaers. Ausstellungen und Werke*, Ausst.-Kat. Fridericianum, Kassel, hg. von Susanne Pfeffer, Köln 2020, S. 376.

Trächtler 2020b: Jasmin Trächtler, «Tractatus Logico-Catalogicus», in: *Marcel Broodthaers. Ausstellungen und Werke*, Ausst.-Kat. Fridericianum, Kassel, hg. von Susanne Pfeffer, Köln 2020, S. 375.

Trächtler 2020c: Jasmin Trächtler, «Une seconde d'éternité (D'après une idée de Charles Baudelaire)», in: *Marcel Broodthaers. Ausstellungen und Werke*, Ausst.-Kat. Fridericianum, Kassel, hg. von Susanne Pfeffer, Köln 2020, S. 315.

Walz 2016: Markus Walz, «Begriffsgeschichte, Definition, Kernaufgaben», in: *Handbuch Museum. Geschichte, Aufgaben, Perspektiven*, hg. von Markus Walz, Stuttgart 2016, S. 8–14.

Zwirner 1992: Dorothea Zwirner, *Marcel Broodthaers (1924–1976). Objekte, Druckgraphik, Zeichnungen, Bücher*, Ausst.-Kat. Kunstraum München / Raum für Kunst, Hamburg, München 1992.

Zwirner 1994: Dorothea Zwirner, «Mirror, Mirror on the Wall… The puzzle of representation in Marcel Broodthaers' art», in: *Marcel Broodthaers*, Köln 1994 (Tinaia 9), S. 229–249.

Zwirner 1995: Dorothea Zwirner, «Correspondances – Die Rezeption von Marcel Broodthaers», in: *Correspondances = Korrespondenzen*, Ausst.-Kat. Galerie Hauser & Wirth, Zürich / Galerie David Zwirner, New York, Stuttgart 1995, S. 11–23.

Zwirner 1997: Dorothea Zwirner, *Marcel Broodthaers. Die Bilder – die Worte – die Dinge*, Köln 1997.

AUTORIN

Simone Gehr (*1993) studierte Kunsgeschichte, Germanistik, Klassische Archäologie und Vergleichende Kulturwissenschaft an den Universitäten Regensburg und Bern und war von 2016 bis 2019 Mitarbeiterin der Berner Alexander von Humboldt-Edition. Ihre interdisziplinäre Masterarbeit verfasste sie zu William Turners Darstellungen Schweizer Städte, die er als Bleistiftskizzen und Aquarelle ausführte. Von 2019 bis 2020 arbeitete Gehr in der Grafischen Sammlung der Schweizerischen Nationalbibliothek in Bern, wo sie für einen umfangreichen Bestand Schweizer Druckgrafik des 15. bis 20. Jahrhunderts zuständig war. Seit 2020 ist sie als wissenschaftliche Mitarbeiterin in der Grafischen Sammlung des Kunsthaus Zürich tätig. Forschungsschwerpunkte: Drucktechniken des 15. bis 19. Jahrhunderts, Kunst und Literatur der Romantik und des Klassizismus, Schnittstellen von bildender Kunst und Literatur.

AUSGESTELLTE WERKE VON MARCEL BROODTHAERS

Kat. 1–25 sind alle aus dem Bestand des Kunsthaus Zürich; genaue Angaben finden sich bei den Abbildungen. Keine Abbildungen der weiteren Exponate.

La Faute d'orthographe (Mea Culpa), 1964
(Kat. 1, S. 39)

Le Corbeau et le Renard, 1967
(Kat. 2, S. 41)

La Signature Série 1. Tirage illimité, 1969
(Kat. 3, S. 43)

M. B., 24 Images/Seconde, 1970
(Kat. 4, S. 45)

Musée d'Art Moderne à vendre – pour cause de faillite, 1971
(Kat. 5, S. 46–47)

Tractatus Logico-Catalogicus, 1972
(Kat. 6, S. 48–49)

Avis. Six Lettres ouvertes, 1972
(Kat. 7, S. 51)

Das Recht, 1972
(Kat. 8, S. 53)

Museum – Museum, 1972
(Kat. 9, S. 55)

Chère Petite Sœur, 1972
(Kat. 10, S. 57)

Ein Eisenbahnüberfall, 1972
(Kat. 11, S. 59)

Musée – Museum, 1972
(Kat. 12, S. 61)

Correspondance – Briefwechsel, 1972
(Kat. 13, S. 63)

Lettre ouverte, 1973
(Kat. 14, S. 65)

Rébus, 1973
(Kat. 15, S. 67)

Gedicht – Poem – Poème / Change – Exchange – Wechsel, 1973
(Kat. 16, S. 69)

Comment va la mémoire et La Fontaine?, 1973
(Kat. 17, S. 71)

Citron – Citroen. Réclame pour la Mer du Nord, 1974
(Kat. 18, S. 73)

Le Manuscrit trouvé dans une Bouteille, 1974
(Kat. 19, S. 75)

La souris écrit rat (à compte d'auteur), 1974
(Kat. 20, S. 77)

Les Animaux de la ferme, 1974
(Kat. 21, S. 79)

Comédie, 1974
(Kat. 22, S. 81)

Garniture Symbolique, 1975
(Kat. 23, S. 82–83)

La Soupe de Daguerre, 1975
(Kat. 24, S. 85)

Atlas, 1975
(Kat. 25, S. 87)

La Conquête de l'espace. Atlas à l'usage des artistes et des militaires, 1975; 2016
Buch, 38 Seiten, gebunden, Offsetlithografie auf Papier, in Schuber (Faksimile)
Objektmass: 4,2 × 2,9 × 1 cm
Privatbesitz Marie-Puck Broodthaers

Magie. Art et Politique, 1973
Buch, 24 Seiten, gebunden, Offsetlithografie auf Papier
Objektmass: 20,9 × 14,9 × 0,5 cm
Kunsthaus Zürich, Bibliothek, Geschenk der Galerie Stampa, 1988

Plan vert La porte est ouverte, 1972
Buch, 12 Seiten, lose ineinander gefaltet, Hochdruck auf Papier (vergé)
Objektmass: 20,9 × 14,6 × 0,5 cm
Kunsthaus Zürich, Grafische Sammlung, 1994, Inv. Gr.1994/0031

Un coup de dés jamais n'abolira le hasard. Image, 1969
Buch, 32 Seiten, gebunden, Hochdruck auf Papier
Objektmass: 32,4 × 25 × 0,7 cm
Kunsthaus Zürich, Bibliothek, 1989

A Voyage on the North Sea, 1973
Buch, 38 unbeschnittene Seiten, gebunden, Offsetlithografie auf Papier
Objektmass: 15,1 × 18,1 × 0,5 cm
Kunsthaus Zürich, Bibliothek, 1993

Eine Reise auf der Nordsee, 1973
Buch, 38 unbeschnittene Seiten, gebunden, Offsetlithografie auf Papier
Objektmass: 14,9 × 17,6 × 0,5 cm
Kunsthaus Zürich, Bibliothek, 1975

A Voyage on the North Sea, 1973–1974
Digitalisierter 16mm-Film (Farbe, ohne Ton), Dauer: 4'15"
Succession Marcel Broodthaers, Brüssel

A Voyage on the North Sea, 1973–1974
Dose mit Etikette
Objektmass: 18,5 (Durchmesser) × 2,5 cm
Privatbesitz Marie-Puck Broodthaers

Une seconde d'éternité (D'après une idée de Charles Baudelaire), 1970
Digitalisierter 35mm-Film (schwarz-weiss, ohne Ton), übertragen auf 16mm-Film, Dauer: 0'1"
Succession Marcel Broodthaers, Brüssel

Entretien avec un chat, 1970
Audioinstallation, Dauer: 4'54"
Succession Marcel Broodthaers, Brüssel

Der Adler vom Oligozän bis heute. Section des Figures, Bd. 1 (Ausstellungskatalog Düsseldorf, Städtische Kunsthalle), 1972
Buch, 64 Seiten, gebunden, Offsetdruck auf Papier
Objektmass: 21,4 × 15,1 × 2 cm
Kunsthaus Zürich, Bibliothek

Der Adler vom Oligozän bis heute. Section des Figures, Bd. 2 (Ausstellungskatalog Düsseldorf, Städtische Kunsthalle), 1972
Buch, 64 Seiten, gebunden, Offsetdruck auf Papier
Objektmass: 21,4 × 15,1 × 2 cm
Kunsthaus Zürich, Bibliothek

Lettre ouverte, Bruxelles, 7.6.1968
Schreibmaschine auf Papier
Blattmass: 29,5 × 21 cm
Privatbesitz, Brüssel

Lettre ouverte, Bruxelles, 14.7.1968
Schreibmaschine auf Papier
Blattmass: 29,5 × 21 cm
Privatbesitz, Brüssel

Lettre ouverte, Ostende, 7.9.1968
Schreibmaschine auf Papier
Blattmass: 27,5 × 21,5 cm
Privatbesitz, Brüssel

Lettre ouverte, Düsseldorf, 19.9.1968
Schreibmaschine auf Papier
Blattmass: 27,5 × 21,5 cm
Privatbesitz, Brüssel

Lettre ouverte, Anvers, 11.10.1968
Schreibmaschine auf Papier
Blattmass: 27,5 × 21,5 cm
Privatbesitz, Brüssel

Lettre ouverte, Paris, 29.11.1968
Schreibmaschine auf Papier
Blattmass: 27,5 × 21,5 cm
Privatbesitz, Brüssel

Lettre ouverte, Bruxelles, 9.5.1969
Schreibmaschine auf Papier
Blattmass: 27,5 × 21,5 cm
Privatbesitz, Brüssel

Lettre ouverte, Anvers, 10.5.1969
Schreibmaschine auf Papier
Blattmass: 27,5 × 21,5 cm
Privatbesitz, Brüssel

Lettre ouverte, Bruxelles-Anvers, 27.9.1969
Schreibmaschine auf Papier
Blattmass: 27,5 × 21,5 cm
Privatbesitz, Brüssel

Lettre ouverte, Bruxelles, 31.10.1969
Schreibmaschine auf Papier
Blattmass: 27,5 × 21,5 cm
Privatbesitz, Brüssel

IMPRESSUM

Diese Publikation erscheint anlässlich der Ausstellung

Marcel Broodthaers

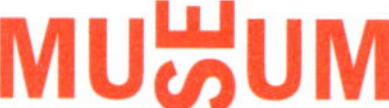

Die Grafikeditionen im Kontext seines *Musée d'Art Moderne*

Kunsthaus Zürich
30. Juni – 1. Oktober 2023

AUSSTELLUNG

Direktorin: Ann Demeester
Kuratorin: Simone Gehr
Projektassistenz: Carlotta Graedel Matthäi
Koordination: Franziska Lentzsch
Versicherung und Transporte: Nora Gassner, Eveline Schmid
Kommunikation und Marketing: Björn Quellenberg und Team
Partnerschaften und Philanthropie: Elke Wiebalck und Cornelia Roos
Restauratorische Betreuung: Rebecca Honold, Eléonore Bernard
Ausstellungsgestaltung: Lena Huber
Technik: Robert Sulzer und Team, Johannes Schiel und Team, Thorsten Strohmeier, Klaus Geiger, Tina Stadelmann, Tony Kranz
Vermittlung: Sibyl Kraft und Team

Ein herzlicher Dank geht an: Maria Gilissen Broodthaers, Marie-Puck Broodthaers sowie an Francesca Benini, Caroline Bouchard, Bernard Debluts, Dr. Wilfried Dickhoff, Charlotte Friling, Eva Glück, Dr. Jürgen Harten, Bernd Jansen, Riccardo Legena, Sandro Mattli, Angelika Platen, Thomas Rosemann und Team, Julia Rundel, Dr. Katharina Schmidt und Mirjam Varadinis.

PUBLIKATION

Herausgeber: Zürcher Kunstgesellschaft / Kunsthaus Zürich
Konzept: Simone Gehr
Lektorat: Franziska Lentzsch
Korrektorat: Simone Gehr, Carlotta Graedel Matthäi, Inka Humann, Franziska Lentzsch
Grafische Gestaltung und Lithografie: Lena Huber
Druck: Fotorotar, Egg
Bindung: Bubu AG, Mönchaltorf

ISBN 978-3-03942-159-6

Verlag Scheidegger & Spiess AG
Niederdorfstrasse 54
8001 Zürich
Schweiz

www.scheidegger-spiess.ch

Der Verlag Scheidegger & Spiess wird vom Bundesamt für Kultur mit einem Strukturbeitrag für die Jahre 2021–2024 unterstützt.

BILDNACHWEIS

bpk / Los Angeles County Museum of Art / Art Resource, NY: S. 23;
bpk | Angelika Platen: S. 36–37;
Succession Marcel Broodthaers, Brüssel: S. 8, 40, 41, 75;
Bernd Jansen, Düsseldorf: S. 20;
Kunsthaus Zürich: S. 11;
Kunsthaus Zürich, Franca Candrian (Fotografie), Thorsten Strohmeier (Reprografie): Umschlag-Klappe und Rückseite, S. 11, 39, 43, 45–49, 51, 53, 55, 57, 59, 61, 63, 65, 67, 69, 71, 73, 77, 79, 81–83, 85, 87;
Angelika Platen: Cover, S. 13, 33
Für die Werke von Marcel Broodthaers: © Succession Marcel Broodthaers / 2023, ProLitteris, Zurich;
Bernd Jansen: © Bernd Jansen, Düsseldorf / 2023, ProLitteris, Zurich;
René Magritte: © 2023, ProLitteris, Zurich;
Angelika Platen: © Angelika Platen